ヴォイトレ・マスター®メソッド創設者
山下まさよ

英語の声トレ

国際ヴォイストレーナーが教える
「やさしい英語発音」

ダイヤモンド社

はじめに

英語発音は「口の形」で決まる

長年、単語や文法を勉強してきて英語に自信があったのに、仕事や海外旅行では、英語がさっぱり通じなかった経験はありませんか。

例えば、「light」と言ったつもりが「right」と勘違いされたり、「coffee」と注文したのに「coke」が出てきたり……。

その原因は **“口の形”** にあります。

実は **「英語が通じる、通じない」は口の形で決まる** と言っても過言ではありません。

発音をマスターする最短ルートとは?

英語発音を習得する近道は、口の形を変えること。そして英語発音と日本語発音の舌の位置の違いを把握して、変えていくことです。

例えば、[l]と[r]です。「la」「ra」と書かれていたら、ローマ字読みでは「ラ」と同じ発音をします。

しかし、**英語の発音は舌の動きが異なります**。

[l] は舌先を上前歯の裏につきます。一方、[r] は舌先をどこにもつけず、舌全体をのどの奥にスライドさせます。

この舌の動きは日本語にはありません。**英語発音を身につけるためには、舌の動きをマスターする必要がある**のです。

日本語の舌から英語の舌に変えることは、実は簡単にできます。**口の形を**

矯正することで、舌の位置も矯正されて声が変化します。

例えば、口を横に引いたまま、日本語で「いー」と言ってみてください（下の左イラスト）。

次に、人差し指を軽く噛み、口を前に突き出したまま、同じように「いー」と言ってみてください。先ほどの「いー」ではなく、「い～」となりますね。このように口の形を変化させると、同時に舌の動きも変化し、発音が変わっていくのです。

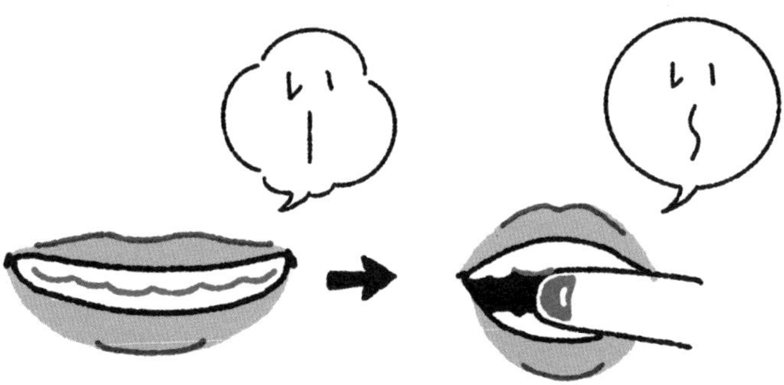

ミネラルウォーターも満足に買えない

申し遅れました。国際ヴォイストレーナーの山下まさよと申します。

日本に限らず、アメリカ、イギリス、イタリア、フランス、ロシア、スペイン、ドイツなど、世界各国の海外アーティスト、プロフェショナルを中心に、ヴォイストレーニングを行っています。

加えて、**ビジネスマン、客室乗務員、英語指導者に英語発音の指導も行っており、指導実績は１万人を超えます。**

こうお話しすると「帰国子女ですか？」とよく言われますが、違います。

私は日本生まれの日本育ちです。日本の学校で英語の授業を受け、人並みに大学受験もしました。

初めて海外旅行をしたときには、『海外で役立つ英会話』という類の本で、カタカナで書かれている英語発音を何度も練習しました。

幼少期から音楽好きでヴォイストレーナーになり、「初めて海外へ行くなら、世界トップレベルのエンターテインメント作品が日々上演されている憧れの街、ニューヨーク・ブロードウェイの劇場で本場のミュージカルを見たい」と思い、アメリカへ出発しました。

セントラルパークへ行って、売店でミネラルウォーターを買おうとしたときのことです。

指を差しながら「Hi, I'll have this one.」と言ったら、店員がミネラルウォーターを持って「One ……」と言いました。店員が言った**「One」以外**

が聞き取れず、「What?」と何度も聞き返しました。

商品の金額かなと思い、1ドル札を出しました。それでも、金額が足りないと言っているようだったので、小さな硬貨を少しずつ渡していきました。

たった1本の水を買うだけなのに、店員の英語がまったく聞き取れず、何度も聞き返して店員を怒らせてしまいました。

申し訳ない気持ちと、**自分の言葉が伝わらない歯がゆさに大きな戸惑いを感じました。**

後でわかったのですが、店員は「One fifty」と言っていたのです。つまり、「1ドル50セント」。たった1本の水を購入することもできない自分に落胆しました。

帰国後、「今度海外へ行くときまでには英語発音をもっとよくしたい、英語を聞き取れるようになりたい」と思い、発音関連書籍を30冊近く読みました。英単語の上にカタカナでフリガナを振ったり、英会話スクールで外国人講師と練習したりしましたが、ダメでした。講師の発音をマネして何度リピートしても、自信を持って発音することができません(特にL、R)。限界を感じました。

世界トップレベルのヴォイストレーナーの指導を受ける

発音を根本的に直すためにアメリカで作られた発音法、音声学などの講義を100時間以上受講しました。

同時期に、日本と欧米諸国の歌唱レベルの差についても考え始め、ヴォイストレーナーとしての知識を深めたいと調べていたとき、運命の出会いが私を待っていました。

マイケル・ジャクソンやスティーヴィー・ワンダーをはじめ、米国グラミ一賞受賞者120人以上の歌唱指導をしてきた世界トップレベルのヴォイストレーナー、セス・リッグス氏との出会いです。

私はヴォイストレーナーとして日本で活動していましたが、「日本とロサンゼルスにそれぞれ1か月滞在」という生活を数年続け、セスのもとで勉強し続けました。渡米を繰り返していたので、アメリカの入国審査時に止められ説明をしなければいけないときもありました。

ハリウッドのスタジオでは、セスは私の席をつくってくれて、いつも隣に座らせてくれました。

ある日スタジオで、アメリカの州ごとの認定ヴォイストレーナーたちが集まる中、セスが資格を発行している認定ヴォイストレーナー試験を受けることになりました。**アジア人が試験を受けるのは初めて**だったこともあり、認定ヴォイストレーナーたちの慎重な視線も感じましたが、満場一致で合格しました。

「アジア人で合格した人はまだいないから、君がしっかりと指導してほしい」と言われたとき、責任の重さを痛感しました。

アジア人初の認定ヴォイストレーナーとして、国際ヴォイストレーナーの道へと進むことになりました。諸外国の人たちを指導する中で、言語によって発音、舌の動き、声の響きなどが変わることを痛感したのです。

なぜ日本人は英語発音が苦手なのか？

日本人と欧米人の最も大きな違いは、口腔内（こうくうない）(口からのどまでの空洞部分)の動きです。

日本語は「口先だけで話す言語」とも言われ、口や舌を大きく動かさなくても発音できます。

一方、**英語は口や舌をダイナミックに動かす必要があります。**特にアメリカ英語は舌の動きが大きく、舌根（ぜっこん）（舌の奥）を下げ、息を多めに流して発音する傾向にあり、日本語よりも声の深みがある発音（発声）になりやすいです。

なぜ日本人は英語の発音が苦手なのか？

それは、**「英語と日本語の口腔内の動きはまったく違う」という認識を持てないため**です。

日本語を英語に当てはめようとしても、少し違う発音ができ上がります。そして、自分にはできない発音だと思い込み、英語発音の習得をあきらめてしまうのです。

ヴォイストレーナーだからこそ、できること

私はヴォイストレーナーとして、一瞬で「声の解析」をします。

声はほんの一瞬だけ存在する「音」です。

レッスンでは、秒単位で変化する生徒の口腔内の動きを瞬時に聞き分け、そして修正します。目を閉じていても、生徒の舌の位置がどこにあるのか、声帯がどういう状態なのかを判断できます。

指導を続ける中で**「日本語を発音するとき、口腔内は狭くなるので、その状態で舌を動かして発声しても効果がなく、英語をうまく発音できないのは当然だ。先に口の形を矯正すべきだ」**という事実に気づきます。

発音は「口の形」で決まるとお伝えしましたが、それに気づけたのは、ヴォイストレーナーを続けてきたからなのです。

「ヴォイストレーナーである自分だからこそ書けることがある。声のプロとして、伝えたいことがある」。そんな思いから、本書『英語の声トレ』を執筆しました。

まず、アルファベットを徹底マスターすべし

言葉には、[母音(ぼいん)(あいうえお)]と[子音(しいん)(あいうえお以外)]とが含まれています。細かく分解すると、日本語「か」は[Kあ]です。[K]が子音、[あ]が母音です。同様に、英語にも母音と子音があります。例えば、「it」は[i]が母音、[t]が子音です。

さまざまな考え方がありますが、発音の数については、「英語は38音、日本語は24音」ともいわれています。

「初学者にわかりやすく指導する方法はないか」と熟考を重ねてメソッドを磨き上げていく中で、英語の入口であるアルファベットならなじみがあると思い、発音分析を行いました。

アルファベットの発音には、英語発音の約70%が含まれているのです。アルファベットの中には子音17個、母音10個、計27個が含まれています。

英語の発音数は38音。つまり、アルファベット＋11個の発音をマスターすれば、すべての英語発音を習得できるのです。

無秩序に難しそうに並んでいる発音記号を黙々と覚えるよりも、アルファベットの発音をマスターするほうがはるかに効率的です。単語の中に入っているアルファベットを意識しながら発音することで、正しい発音も定着していきます。**「継続しやすい、覚えやすい」**というメリットもあります。

英語学習は発音からすべし

学校では単語や文法の勉強がメインで、発音は詳しく習いません。そもそも、アルファベットの発音をしっかり習いましたか？

アルファベットも、小さな発音の連なりでできています。アルファベット

が正しく発音できなければ、単語も発音できません。

人間の脳には**「発音できない音は聞き取れない」**という特性があります。**発音ができなければ、英語でコミュニケーションをとることはできません。**

文法や単語もどれだけ覚えても、「通じない」のです。

本書を読み進めれば、**英語発音と日本語発音の違い、そして英語発音がどう構成されているのかがわかります。**

英語学習の中でも、発音は口腔内の動きがわかると、本当に簡単です。年齢に関係なく、いつでもマスターできます。苦手意識を捨てて、頭をからっぽにしてから読み進めてください。英語の発音が劇的に変化していく楽しさを実感していただけたらと思います。

CONTENTS

はじめに 英語発音は「口の形」で決まる …… 002
音声ファイルのダウンロード方法 …… 014

CHAPTER 1
あなたが「日本人英語」から抜け出せない5つの理由 016

①英語にフリガナを書き込んで覚えるから、ネイティブ発音ができない …… 018
②英語を早口でごまかそうとするから伝わらない …… 019
③舌を丸めるから、ネイティブが嫌がる発音になってしまう …… 019
④外国人講師は、日本語の口形、舌の動きがわからないから、英語との違いを教えられない …… 020
⑤中途半端に発音記号から覚えはじめて、挫折する …… 021
英語発音に効く3つの声トレ …… 022

CHAPTER 2
まずアルファベットを完ぺきにマスター！ 024

アルファベットをゆっくり丁寧に発音できるようにする …… 026
アルファベットをAから練習してはいけない …… 026
ネイティブ発音のカギは「口の形」 …… 027
9種類の基本口形をマスター！ …… 028
最も大事な口形は▽（逆三角形） …… 030

E …… 032
T …… 033
D …… 034
A …… 035
K …… 036
N …… 037
M …… 039
S …… 041

X …… 042　F …… 045　V …… 047　H …… 049
G …… 052　J …… 055　B …… 057　P …… 058
C …… 060　Z …… 061　O …… 063　U …… 065
Q …… 066　I …… 068　Y …… 069　R …… 071
L …… 074　W …… 077

CHAPTER 3
アルファベットにはない「11の発音」をマスター！ 082

h …… 084　ɡ …… 084　ŋ …… 085　ɔ …… 085
ɔː …… 086　θ …… 086　ð …… 087　ʃ …… 087
ʒ …… 088　ər …… 088　æ …… 089

CHAPTER 4
基本単語を徹底的にマスター！ 090

アルファベットが入っている英単語を発音してみよう！ …… 092

A eight、ate、late
B be、bee、beat
C see、sea、seat
D deep、deal
E eat、meet、meat
F effort、left
G jeep、jean
H html、Rachel
I eye、buy、bye
J jail、Jamie
K cake、case
L tell、sell
M them、gem
N pen、ten

O go、goat
P pea、piece、peace
Q cute、rescue
R are、art
S less、escape
T tea、tease
U you、use
V movie、navy
W W.C.、double
X excuse、next
Y why、while
Z easy、zero

同じ発音の英単語をマスターしよう！ ………… 106
see、sea／meet、meat／week、weak／No、know／one、won／sun、son／deer、dear／here、hear／too、two／blue、blew

間違えやすい発音を完ぺきにマスターしよう！ ………… 117
beat、bit／see、she／bowl、ball／late、rate／light、right／lice、rice／cat、cut／hat、hot／this、these／win、wing

同じ音が含まれる英単語をマスターしよう！ ………… 138
see／eel／ear／air／eight／all／or

CHAPTER 5
ネイティブ発音に効く 4つのスキルをマスター！ 146

ネイティブが使う流ちょうなカッコイイ発音をマスターするには？… 148
フラッピング（Flapping）をマスター！ ………… 148
消える音（Reduction）をマスター！ ………… 150
つながる音（Linking）をマスター！ ………… 151
変わる音（Assimilation）をマスター！ ………… 152

CHAPTER 6 日常会話に効く 基本例文をマスター！ 154

あいさつ編 …… 157
あいづち編 …… 160
ショッピング編 …… 162
レストラン編 …… 164
質問編 …… 166
お礼編 …… 169

CHAPTER 7 英語発音を完全攻略！ まとめテスト 172

すべての母音を発音しよう！ …… 174
すべての子音を発音しよう！ …… 179
発音記号だけを見て発音して、スペルを書いてみよう！ …… 187

おわりに なぜ日本人は英語発音が苦手なのか？ …… 189

音声ファイルのダウンロード方法

本書ではネイティブによる音声ファイルを用意しています。

CHAPTER2以降で使用します。CHAPTER2、4、6の音声は「とてもゆっくり・ゆっくり・普通」の順に再生されます。音声ファイルの数は全部で151。本文中の Track001 〜 Track151 に対応しています。「音声を聞く→自分で発音する」を繰り返して、正しい英語発音をマスターしてください。

1 インターネットのアドレスバーに、下記URLを入力し、アクセスします。

https://www.diamond.co.jp/go/pb/eigokoetore/

必ずブラウザ上部のアドレスバーにURLをご入力ください（各種検索サイトの検索窓から開くことはできません）。

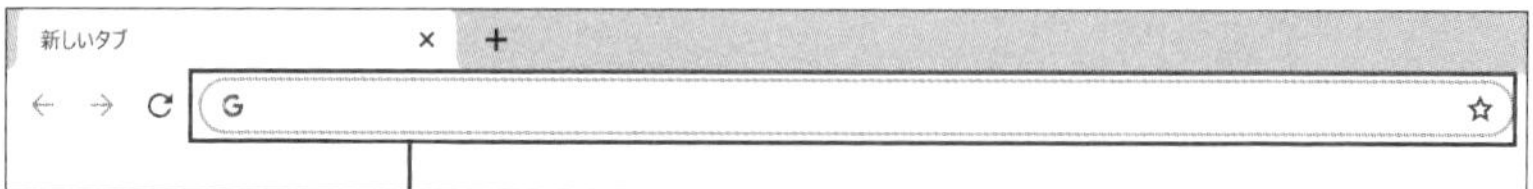

ここに入力してください。

2 ダウンロードページに移動したら、ファイル名をクリックします。

3 音声ファイルは、圧縮された状態でダウンロードされます。

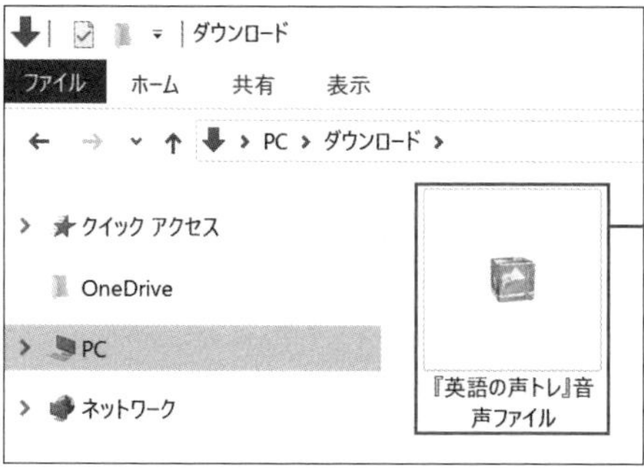

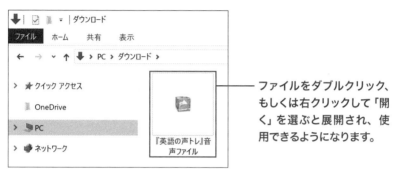

ファイルをダブルクリック、もしくは右クリックして「開く」を選ぶと展開され、使用できるようになります。

基本的にパソコンには「圧縮・解凍ソフト」がついていますが、もし解凍できなかったときは「解凍　ソフト」とネットで検索し、解凍ソフトをダウンロード・インストールしてください。

スマートフォンに音声ファイルを直接ダウンロードする際も同様です。スマートフォンに「圧縮・解凍ソフト」がインストールされているかどうかを確認してください。詳しくは付属の説明書、もしくはお買い求めになった販売店にご確認ください。もし損失を被った場合でも、著者ならび出版社は責任を負いかねます。あらかじめご了承ください。

CHAPTER 1

あなたが「日本人英語」から抜け出せない5つの理由

「日本人英語」から抜け出すためには、

次の5つをまずチェックしてください。

1つでも心当たりのある方は、すぐに直しましょう。

①英語にフリガナを書き込んで覚えている

②英語を早口でごまかそうとしている

③Rの発音をするとき、舌先を丸めて発音している

④外国人講師に何度も同じ箇所を注意されている

⑤発音記号を順番に覚えて挫折している

英語発音は、日本語発音とは

「口の形」や「舌の動き」がまったく違います。

ここでは、英語発音独特の動きに慣れるための

声トレを3つご紹介します。

ぜひ試してください。

①英語にフリガナを書き込んで覚えるから、ネイティブ発音ができない

学校で英語を学んだとき、どのような方法で英語の発音を覚えましたか。英語にフリガナを書き込んで覚えた方が多いのではないでしょうか。

例えば、**「sun (太陽)」**に**「サン」**とカタカナを書き込んで発音すると、日本語「ン」は口を閉じて発音することになります。

しかし英語発音 [n] は口を開けたまま、舌先を上前歯の裏につけて、鼻からのバイブレーションで発音する子音です。

もし、口を閉じて発音してしまうと [m] という発音に近づいて、**「sum (合計)」**というまったく異なる英単語に変化してしまうのです。

日本語でフリガナを書き込むのは、英語を母国語である日本語に近づけて発音したいからですよね。

しかし、英語の発音は日本語の発音とはまったく違います。英語っぽい発音にはなるかもしれませんが、それではいっこうにネイティブ発音をマスターすることはできません。

他にも、**「this (これ)」**を日本語に近い発音の**「ディス」**と覚えてしまうと、**「disrespect (軽蔑する) のdis」**に近い発音で覚えてしまいます。英語の音を日本語に置き換えようとすると、こうしたことがよく起こります。

英語と日本語の音は似て非なるものです。発音の置き換えは、これを機にやめましょう。

ちなみに「this」のth [ð] は舌先を少しだけ前に出して、上下の歯で軽く噛んだまま発音します。歯のバイブレーションから生まれる子音です。日本語にはない音です。

②英語を早口でごまかそうとするから伝わらない

英語を早口で発音してごまかそうとしていませんか。

例えば、「I'm from Japan.」と言うとき、「from」の「r」を「l」で発音して「flom」になったとします。ネイティブは「言いたいことはこうかな」と意図をくんでくれますが、伝わらないときもあるはずです。

英語をゆっくり丁寧に発音することができますか。日本語は自信を持って、ゆっくり発音することができますよね。**英語が早口になるのは、英語の口形（こうけい）、舌の動きがわかっていないから**です。

まずは口形と舌を意識しながら発音できるようにしましょう。辞書には発音記号が載っています。発音したい文章を紙に書いて、単語ひとつの中に、何個の発音が含まれているか確認しましょう。

文章は単語が連なって構成されていますので、**１単語ずつ発音できるようになったら、ひと息で文章を読み上げられるように、ゆっくりと発音練習**をしましょう。徐々にスピードを上げていきますが、速くなっても焦ってはいけません。口形と舌を安定させたまま発音できるようにしましょう。

練習すれば、口形も舌の動きも気にせずに発音できるようになります。早口でごまかす必要がなくなりますし、ネイティブにもしっかり伝わります。

③舌を丸めるから、ネイティブが嫌がる発音になってしまう

ネイティブ発音を真似しようとして、舌を丸めようとする人が多く見受けられます。特に「R」（発音記号 [r]）を舌先を丸めて発音しようとしていませんか。

ネイティブは、その舌先を丸めた発音が気持ち悪いと感じます。なぜなら、音がこもって聞こえてしまうからです。日本語の「ラリルレロ」を発音するときに、舌先を思いきり丸めて発音してみてください。声がこもってしまい気持ち悪い発音になりますよね。それと同じです。

[r] は、舌先を丸めずに、ただ舌全体をそのまま口の奥へスライドして発音するだけです。舌先を丸めて発音をしている方は、すぐに直しましょう。

④外国人講師は、日本語の口形、舌の動きがわからないから、英語との違いを教えられない

外国人講師の大半は、英語のサウンドだけを繰り返し口伝えで指導しています。その指導法では、口真似で覚えていくしかありません。英語が母国語の外国人講師は、幼い頃から自然に発音が身についています。**「なぜ日本人にその発音ができないのか」を理解できていません。**

もし、あなたが外国人に日本語の発音を教えるとしたら、どうやって教えますか。口伝えで発音を教えるしかないですよね。

この方法では、すべての発音を学ぶのに何年もかかってしまいますし、何年たっても「何となくの発音」しかできません。

言語を問わず、すべての発音は口腔内の動きで決定づけられていきます。英語も、口形と舌の位置を習得していくことで簡単に発音できるようになります。

例えば、**「she」**は口を横に引っ張って、日本語で普通に**「シー」**と発音するものではありません。子供が騒いでいるときに、お母さんが唇を前に突き出し、人差し指を口の前に置いて**「シー！」**と言うのと同じです。「シー」と「シー！」の発音変化を感じていただけましたか。**口形を変えることで、舌**

の位置も連動して変わります。口腔内のスペースの変化とともに発音も変化するのです。口形と舌の動きを意図的に変化させることで、発音は劇的に変化していくのです。

言語構成をロジカルに身につけることで、自信を持って安定した発音ができるようになり、英語発音を的確に指導することもできるようになります。本書では、口形と舌の動きにフォーカスして、簡単にネイティブ発音ができる方法を伝授していきます。

⑤中途半端に発音記号から覚えはじめて、挫折する

英語発音をマスターしようとして、無秩序に並べられた英語発音記号をその順番通りで覚えていませんか。**「母音から覚える、子音から覚える」というやり方もオススメしません。**ただひたすらに覚えていっても、整理できず混乱するだけだからです。

発音を口形別にグループ分けして学習するのがオススメです。口形を作ってから発音するので、発音が安定します。

本書では、CHAPTER２でアルファベット、CHAPTER３で「アルファベットにはない11の発音」を練習します。すべての発音を口形別にグループ分けすることで、発音が安定するのはもちろん、**「覚えやすく、忘れにくい」**というメリットもあります。

この本を読み終える頃には、自分で口形や発音記号を書けるようになります。最初のページから順番通りに練習してみてください。短時間で効率良く習得するためには、学習手順が重要です。日本人発音からネイティブ発音への変化を楽しみながら学習していきましょう。

英語発音に効く3つの声トレ

英語発音は、日本語発音とはまったく違う口形と舌の動きを必要とします。息の流れや声圧も強くなりますので、準備していきましょう。

①「飴のせトレーニング」

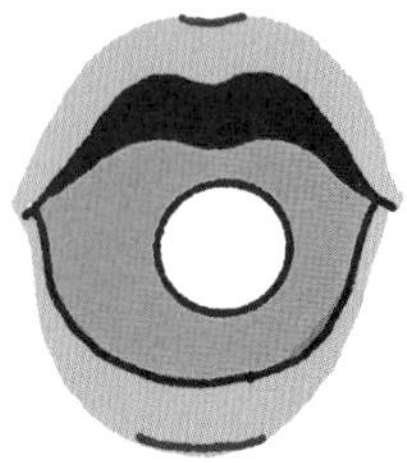

舌の上に飴を置いてみましょう。舌に余計な力が入っていると、舌が盛り上がって、舌の上にのっている飴が転がります。

ポカーンと口をリラックスして開けた状態で、飴が転がらない状態になるようにしましょう。**舌先は下の前歯裏につけて、舌の真ん中がくぼみ、スプーン状**になります。

読書やテレビを見ながらでもOKです。隙間時間に練習してみてください。スプーン舌ができるようになると、深みを増した英語の音が作れるようになります。

②息の瞬発力をアップする練習

口の前に手を置いて、「パッ！」と、息を強く一瞬で当てる練習をしましょう。1秒間に1回のテンポで、1分間練習しましょう。時計の秒針に合わせて、「パッ」「パッ」「パッ」と息だけを吐いていきましょう。

1分間で60回も息を強く吐く練習ができます。**一瞬で息を吐けるようになると、**

発音のアクセントもハッキリとつけられるようになります。

③舌を瞬時に力強く動かす練習（舌打ち練習）

強い舌打ち練習をしましょう。１秒間に１回のテンポで１分間、舌打ちを続けます。舌打ちが上手くできない方は、「チッ」「チッ」「チッ」と一瞬で声を出していきましょう。舌を力強く動かせるようになると、**舌の動きも早くなり、破裂音をハッキリと伝えられるようになります。**

CHAPTER 2

まずアルファベットを完ぺきにマスター！

アルファベットの発音には、
英語発音の約70%が含まれています。
無秩序に難しそうに並んでいる発音記号リストを
黙々と覚えるよりも、
アルファベットの発音を練習したほうが、
はるかに簡単で習得しやすいのです。
英語独特の「口の形」をキープすることで、
舌の位置が矯正され、発音も安定します。
ネイティブ発音に効く「9種類の基本口形」を紹介します。
そして大切なのは「学習する順番」。
A、B、Cの順ではダメなのです。
発音時の「口の形」をベースに、
「発音しやすく、覚えやすい」順に
マスターしていきましょう！

アルファベットをゆっくり丁寧に発音できるようにする

アルファベットを選んで、発音記号をチェックしてみましょう。

アルファベットの読みは、音の組み合わせによって作られています。感覚だけで覚えるのではなく、**発音の組み合わせを口形とセットで学習すると、発音も安定します**。ゆっくりと１音ずつ確認しながら、アルファベット発音をマスターしていきましょう。

ひとつのアルファベットの中に、別のアルファベットの発音が含まれることもあります。

例えば、K [kéi] の中には、実はA [éi] が含まれています。同様にJ [dʒéi] の中にもA [éi] が含まれているのです。同じ発音を見つけ出し、確認しながら練習すれば、英語発音はより安定します。

アルファベットをAから練習してはいけない

アルファベットをＡから順番に発音練習するのは非効率です。

アルファベット順に練習すると、発音を順不同に学ぶことになり、なかなか定着しません。

しかし、**アルファベットを口形別にグループ分けして練習すれば、類似発音も合わせて効率良く学べます**。後述しますが、最初にマスターすべきアルファベットはＥです。

また、同じ口形でもさまざまな発音があります。口形は同じでも、音を出さずに息だけで発音する「無声音（むせいおん）」と、音（声）を出して発音する「有声音（ゆうせいおん）」があります。

例えば、「無声音」の子音［k］（クッ）と「有声音」の［g］（グッ）は同じ口形ですが、[k]（クッ）は息だけで発音する、[g]（グッ）は声を出して発音する、という違いがあります。

同じ口形の無声音と有声音をセットで練習することによって、効率的に発音を習得できます。本書は、学習効率を徹底的に突き詰めた「英語発音本」なのです。

ネイティブ発音のカギは「口の形」

日本人発音をネイティブ発音に変えるためには、口形と舌の動きを変えていく必要があります。真っ先に変えるべきは、口形です。

なぜなら、口形を大きく変化させることで、舌の位置が矯正されるからです。日本語と英語では、舌の位置が大きく違います。舌の位置を変えることで、声の通り道が変わり発音が変化します。

必要な口形は全部で９種類。次ページで紹介します。

英語独特の口形をキープすることで発音が安定していきます。

9種類の基本口形をマスター！

口形をイラストと○▽□などで表記しました。鏡を見ながらチェックしてください。発音ごとに、口形と舌の位置をお伝えしていきます。ここでは、9種類の口形があることをおさえておいてください。

1

口形表記

○

唇を突き出して、つまようじ1本分、口を開ける
（口笛を吹くときの口形）

2

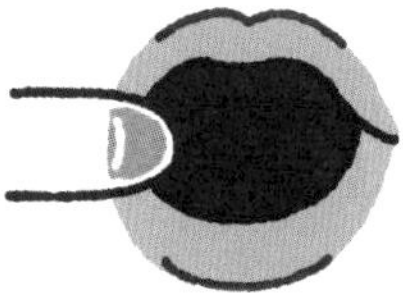

口形表記

①

唇をリラックスさせて、指1本分、口を縦に開ける

3

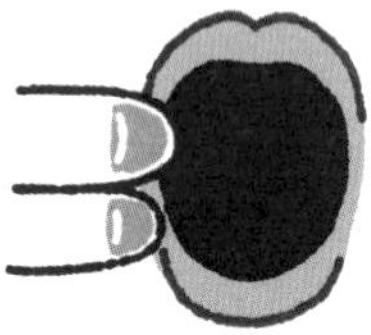

口形表記

②

指2本分、
口を縦に開ける
（あくびの口形）

4

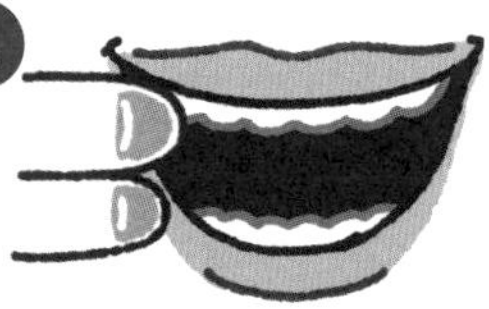

口形表記

▽

口角を上げて、指2本分、口を縦に開ける

5

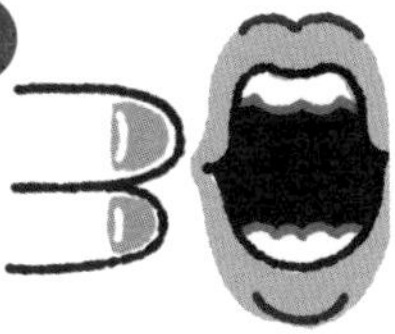

口形表記

口を前に突き出して、唇を指２本分縦に開ける（ドナルドダックのような口形）。歯の上下は指１本分開ける

6

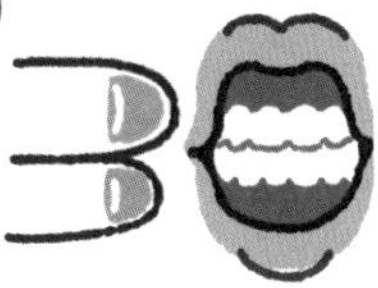

口形表記

上下の歯をぴったりつけたまま、口を前に突き出して、唇を指２本分縦に開ける（ドナルドダックのような口形）

7

口形表記

口を閉じて、唇の上下をぴったりとつけて丸め込む

8

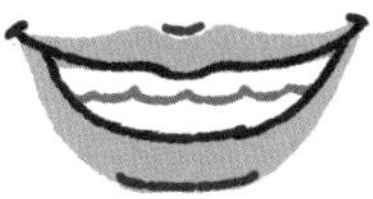

口形表記

口角を上げて、
歯の上下をぴったりとつける

9

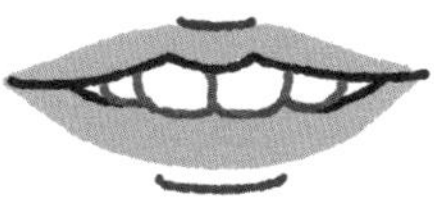

口形表記

上の前歯で下唇を軽く噛む

最も大事な口形は▽（逆三角形）

ネイティブ発音をマスターするために、特に練習すべき口形は▽（逆三角形）です。アルファベットは全部で26個ありますが、そのうち20個は口形▽を使って発音します。日本語発音も英語発音も口腔内の舌の位置によって、声の通り道が変わり、音が大きく変化します。

▽をキープし、口角をしっかりと上げることによって、舌が日本語発音の位置にはつくことができなくなります。少しずつ、舌の動きが矯正されていきます。

▽の口の形は、口角をしっかり上げて口を固定します。▽だけで発音できるものは7個あります。それは「A」「D」「E」「K」「L」「N」「T」です。このうち「L」については、口形だけでなく、舌の動きも重要になってくるので、まずは「L」を除く6つのアルファベットから練習します。次ページを見てください。アルファベットの下に書いてある発音記号も少しずつ覚えていきましょう。

では32ページより、アルファベット発音を練習していきましょう。**最初はAではなくEからです。**発音自体がシンプルで簡単なのと、▽の口形に慣れるのに最適だからです。

発音記号の中に書かれている「ː」マークは、「音を伸ばす」という意味です。英語の発音には、アクセントがあります。発音記号の上に「´」がついている箇所は「強く発音する」という意味です。

▽（逆三角形）の口形だけでこんなに発音できる！

口角をしっかり
上げて、指2本分、
口を開けましょう！

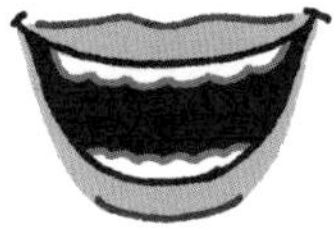

A ▽ éi	B bíː	C síː	D ▽ díː
E ▽ íː	F éf	G dʒíː	H éitʃ
I ái	J dʒéi	K ▽ kéi	L é(ə)l
M ém	N ▽ én	O óu	P píː
Q kjúː	R áːr	S és	T ▽ tíː
U júː	V víː	W dʌ́bljùː	X éks
Y wái	Z zíː		

E

発音記号 [íː]

Track001

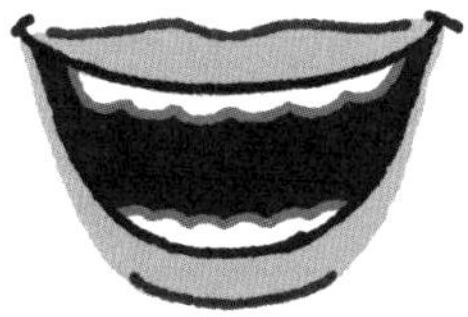

最初はEです。口角をしっかりと上げて、口の形を▽（逆三角形）で３秒間キープしたまま、「イー」と発音してみましょう。舌先は下の前歯の裏につけておきます。出だしを強く発音しましょう。

Eはアルファベット発音の基本です。▽をしっかりキープして、発音する習慣をつけましょう。

発音練習するときは、自分の口形がどうなっているかを確認しましょう。鏡で自分の口形をチェックすることが重要です。口形▽を作る上で大事なポイントは次の２つです。

①口角が上がっているか
②指２本分、口が開いているか

続いて練習するのはTとDです。この２つは、口の形も舌の動きも同じです。Tは子音で音がない無声音。Dは子音で音がある有声音。一緒にセットで覚えましょう。

T

発音記号 [tíː]

Track002

ここで使うネイティブ口形

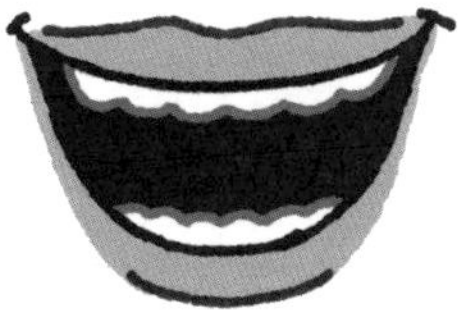

TはE [íː] の前に [t]（トゥッ）と息だけの音がつきます。ポイントを見ていきましょう。

①[t] は、舌先を上の前歯の裏につけて、息を吐くと同時に舌をけり出します。息のみで声は入りません。口の前に手を置いて、手に息が当たる感覚があればOKです。

②アルファベットEをハッキリと発音します。

では、①と②をひと息でつなげて発音してみましょう。口角をしっかりと上げてキープしたまま、舌を強くけり出して発音しましょう。

Tを発音後、舌の位置はどうなっていますか。舌先が浮いていたり、舌先を後ろに引いたりしていませんか。Tを発音後、舌先が下前歯の裏に当たっていればOKです。

D

発音記号 [díː]

Track003

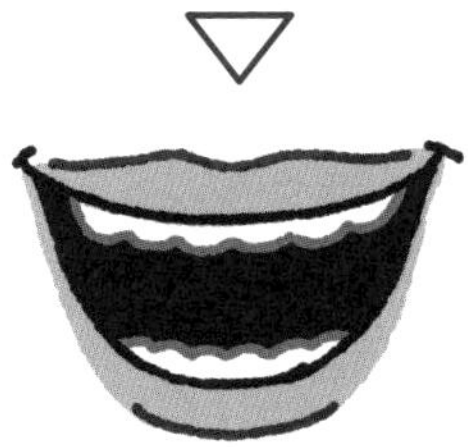

DはE[íː]の前に[d]という音がつきます。ポイントを見ていきましょう。

①[d]は、[t]に濁点をつける感じで発音してみましょう。息を吐くと同時に舌をけり出して濁音が入ります。口の前に手を置いて、手に声を当てるように発音しましょう。

②アルファベットEをハッキリと発音します。

では、①と②をひと息でつなげて発音してみましょう。口角をしっかりと上げてキープしたまま、舌を強くけり出して発音することが大切です。

子音[d]を強くけり出すことによって、長母音(ちょうぼいん)(長い母音)であるEの発音に強いアクセントがつくようになります。練習時に強く発音できるようにしておくと、ネイティブにも伝わりやすくなります。

A

ここで使うネイティブ口形

▽

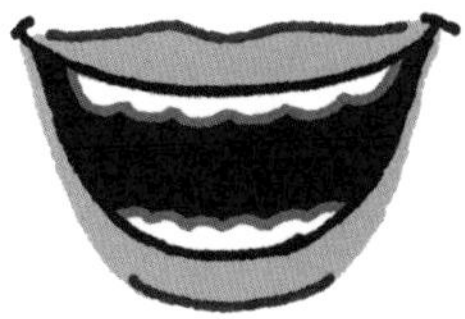

発音記号 [éi]

Track004

続いてはAです。Kと一緒にセットで覚えましょう。Kの発音の中には、もう1つアルファベットAが入っています。では、Aから発音練習してみましょう。

①[e]は、▽の口形をキープしたまま、「エッ」と発音します。
口角をしっかり上げておきます。

②口角を上げたまま、アルファベットEを、[i] と短く発音するだけです。
舌先は下前歯の裏につけておきましょう。

では、①と②をひと息でつなげて発音してみましょう。**▽をキープしたままで「エイ」と発音します。**アクセントは最初に入りますので、最初の音を強くハッキリと発音しましょう。Aは2音とも母音で構成されているので「二重母音(にじゅうぼいん)」と呼ばれています。

K

発音記号 [kéi]

Track005

ここで使うネイティブ口形

▽

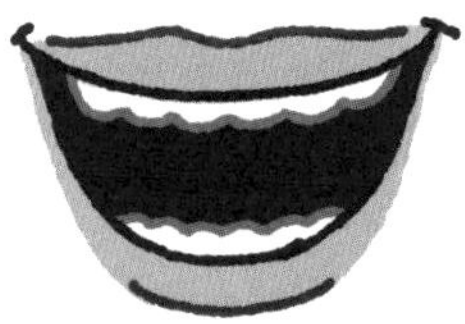

Kは、Aの前に[k]という音が入るだけです。ポイントを見ていきましょう。

①[k]は、舌先を下の前歯の裏につけたまま「クッ」と息だけで発音します。口の前に手を置いて、手に息が当たる感覚があればOKです。▽をキープしたままで発音しましょう。

②アルファベットAを発音します。
▽をキープしたままで「エイ」と発音してみてください。

では、①と②をひと息でつなげて発音してみましょう。①で[k]を強く発音してから、すぐに「A」を発音します。舌先は、①②とも下の前歯の裏にずっとついている状態です。

N

発音記号 [én]

Track006

ここで使うネイティブ口形

▽

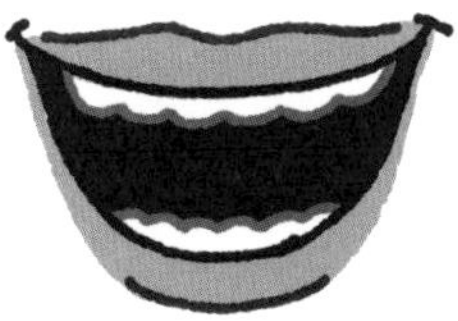

続いてはNです。2つの発音が終わるまで、▽をキープします。

①[e]は、Aの最初の発音と同じです。舌先は下の歯の裏につけたまま「エッ」と発音。

②[n]は、舌先を上の前歯の裏に軽くつけたまま、声を出します。口から声は出ないですね、それでOKです。鼻から声が出る発音です。

声を止めずにひと息で、スローモーションのように①と②をゆっくりつなげて発音してみましょう。口角を上げたまま、舌先だけがゆっくりと動いていきます。**最後の[n]は長めに鼻から声を出す**練習をしましょう。

2つの口形を使って Mをマスター！

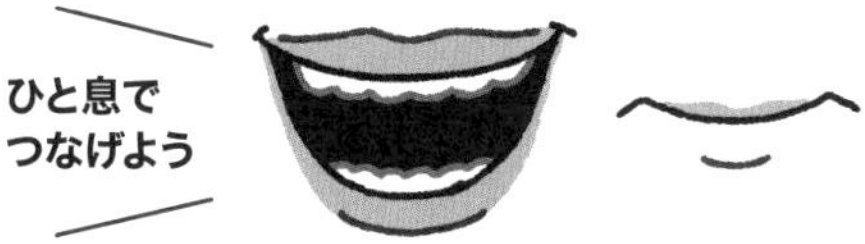

A ▽ éi	B bí:	C sí:	D ▽ dí:
E ▽ í:	F éf	G dʒí:	H éitʃ
I ái	J dʒéi	K ▽ kéi	L é(ə)l
M ▽— ém	N ▽ én	O óu	P pí:
Q kjú:	R á:r	S és	T ▽ tí:
U jú:	V ví:	W dʌ́bljù:	X éks
Y wái	Z zí:		

M

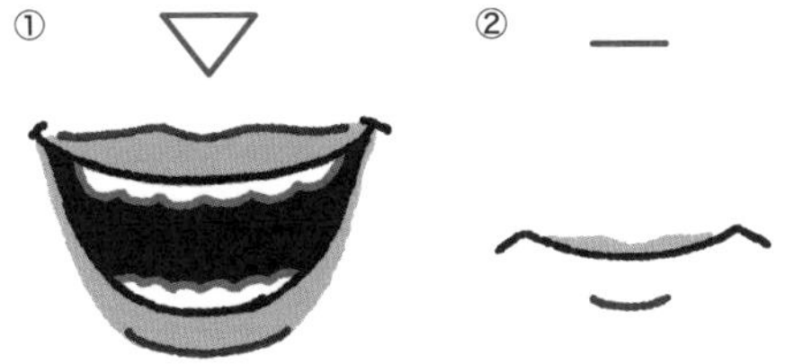

発音記号 [ém]

Track007

Mは２つの口形を使って発音します。

①[e]は､Aの最初に発音する音と一緒です。▽の口形をキープしたまま､「エッ」と発音します。口角を上げましょう。

② [m] は、口を閉じて上唇と下唇をつけたまま、声を出してみましょう。口は閉じていますので、口からは音が出ません。鼻からのバイブレーションで音が出ます。このサウンドが､[m]の発音です。

では、①と②をひと息でつなげて発音してみましょう。①をハッキリと発音したら、そのまま唇を閉じて②に移ります。**鼻からのバイブレーションを長めに出す**練習をしておきましょう。日本語は基本的に母音で終わる言語ですが、英語は子音で終わることが多いので、子音をしっかりと発音できるようになると、自信を持って発音できるようになります。

SとXは
セットで覚えよう！

口形▽を
意識して、
発音しよう！

A ▽ éi	B bí:	C sí:	D ▽ dí:
E ▽ í:	F éf	G dʒí:	H éitʃ
I ái	J dʒéi	K ▽ kéi	L é(ə)l
M ▽— ém	N ▽ én	O óu	P pí:
Q kjú:	R á:r	S ▽ és	T ▽ tí:
U jú:	V ví:	W dʌ́bljù:	X ▽ éks
Y wái	Z zí:		

S

ここで使うネイティブ口形

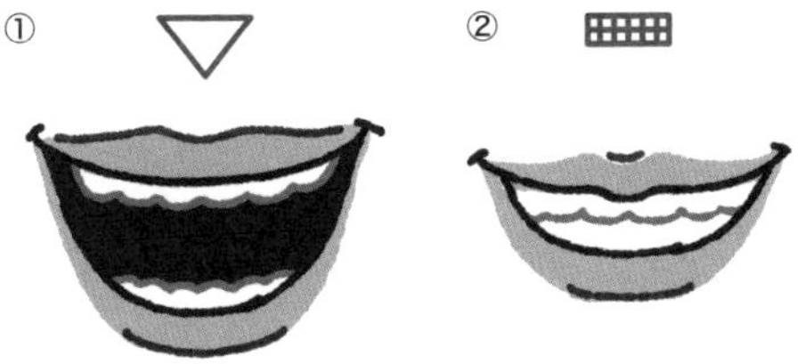

発音記号 [és]

Track008

Sは2つの口形を使って発音します。

①[e]は、▽の口形をキープしたまま、「エッ」と発音します。口角を上げましょう。

②[s]は、口角を上げたまま歯の上下をしっかりとつけて、息を思いきり吐いてください。この子音は無声音ですので、息だけが出ていればOKです。

では、①と②をひと息でつなげて発音してみましょう。①をハッキリと発音したらそのまま②歯の上下をつけて息をしっかりと流しましょう。

アクセントは[e]につきますので、強く発音しましょう。[s]は長く発音する子音ではありませんが、発音練習時は[スー]と息だけを3秒間伸ばす練習をしましょう。

X

発音記号 [éks]

Track009

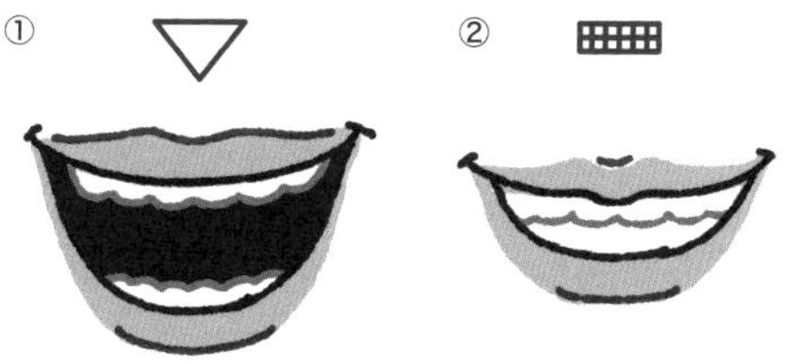

Xには、隠れアルファベットSが入っています。

さて、どこにSが隠れているか、ちょっと考えてみてください。

Xは、Sとまったく同じ２つの口形を使って発音します。しかし、S [es] の前後に何か別の音が入るのではありません。

Xの発音は [éks] です。Sの [e] と [s] の間に [k] の発音が入ります。

この [k] は、アルファベットKで最初に発音する音です。舌先は下前歯の裏につけたまま「クッ」と息だけで発音します。[e] → [k] → [s] と3つの音を発音します。少し難しいので、丁寧に見ていきましょう。

①▽の口形で２つの発音をしましょう。まず [e] は、▽の口形をキープしたまま、「エッ」と発音します。口角をしっかり上げるのがポイントです。続いて [k] は、そのまま▽をキープして、舌先は下前歯の裏につけたまま「クッ」と息だけで発音します。

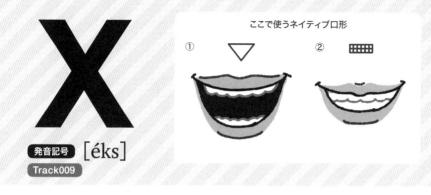

②[s]から口形が変わります。口角を上げたまま歯の上下を閉じて、息を思いきり吐いてください。この子音は無声音ですので、息だけが出ていればOKです。

では、ひと息で[e]→[k]→[s]をつなげて発音してみましょう。**最初の[e]にアクセントをつけて強く発音**すると、発音の輪郭がはっきりします。

SとXは口の形も舌の動きも同じアルファベットですので、一緒にセットで覚えてしまいましょう。

英語発音は子音も大事

SもXも、母音[e]で始まり、無声音の子音[s]で終わります。ハッキリと聞こえる音は、母音[e]です。母音アクセントを強く発音するのは基本ですが、子音も重要です。

日本語は基本的に母音で終わる言語ですが、**英語は子音で終わることが多い言語**です。SもXも子音で終わります。無声音の子音は息の音だけしか聞こえませんが、**ネイティブはしっかり聞き取っています**。子音単体だけでも自信を持って発音できるように練習しておきましょう。

Fの発音は口形がポイント!

A éi	B bí:	C sí:	D dí:
E í:	F éf	G dʒí:	H éitʃ
I ái	J dʒéi	K kéi	L é(ə)l
M ém	N én	O óu	P pí:
Q kjú:	R á:r	S és	T tí:
U jú:	V ví:	W dʌ́bljù:	X éks
Y wái	Z zí:		

F

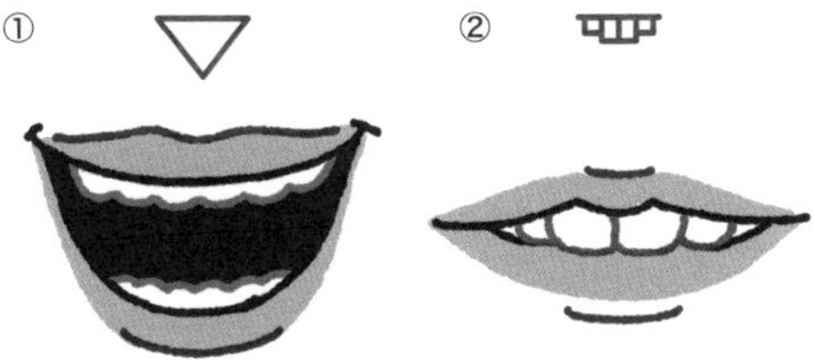

発音記号 [éf]

Track010

Fも２つの口形を使って発音します。

① [e] は、Aの最初の発音と一緒です。▽の口形をキープしたまま、「エッ」と発音します。口角を上げましょう。

② [f] は、上の歯で下唇を軽く噛んだまま、息を吐きます。音は出ません。息だけで発音する無声音の子音です。長めに息を吐いてみましょう。

では、ひと息で①と②をつなげて発音していきましょう。②については、息を長めに伸ばすことによって、無声音の子音がしっかりとネイティブに伝わるようになります。**アクセントは最初の音の[e]ですので、少し強く発音**しましょう。

Vのポイントは バイブ音

ポイントは「下唇を
噛みながら発音」

A éi	B bí:	C sí:	D dí:
E í:	F éf	G dʒí:	H éitʃ
I ái	J dʒéi	K kéi	L é(ə)l
M ém	N én	O óu	P pí:
Q kjú:	R á:r	S és	T tí:
U jú:	V ví:	W dʌ́blju:	X éks
Y wái	Z zí:		

V

発音記号 [víː]

Track011

ここで使うネイティブ口形

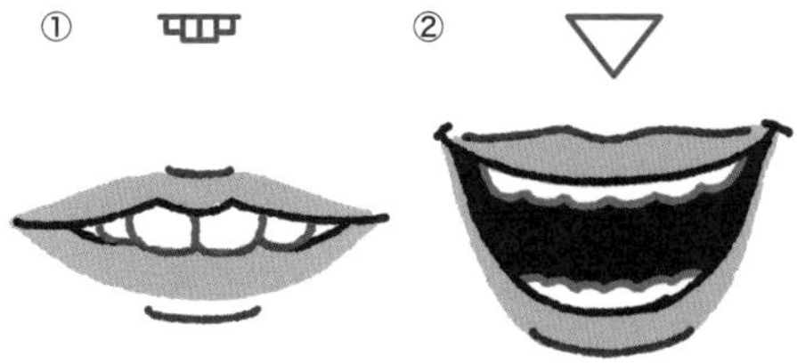

Vの中には、もう１つ別のアルファベットが入っています。もうお気づきですよね？　アルファベットEが入っています。

①[v]は、上の歯で下唇を軽く噛んだまま、声を出します。歯のバイブレーションができます。歯と唇が、くすぐったくなったらOKです。

②アルファベットEを発音します。口角をしっかりと上げましょう。

では、ひと息で①と②をつなげて発音してみましょう。**[v] を３秒間伸ばしてから、Eの発音につなげて練習**しましょう。[v] と [f] の発音は同じ口形です。音が出る有声音か、音が出ない無声音かの違いだけです。

[v] は下唇を軽く噛みながら発音するので、携帯電話のバイブ音のような音が出ます。上前歯と下唇にバイブ音を感じたら、正しい発音ができている証拠です。

Hには日本語にない特殊な音がある！

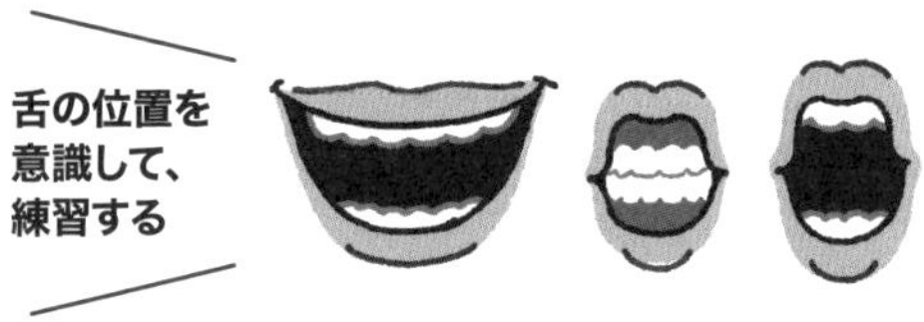

A éi	B bí:	C sí:	D dí:
E í:	F éf	G dʒí:	H éitʃ
I ái	J dʒéi	K kéi	L é(ə)l
M ém	N én	O óu	P pí:
Q kjú:	R á:r	S és	T tí:
U jú:	V ví:	W dʌ́bljù:	X éks
Y wái	Z zí:		

H

発音記号 [éitʃ]

Track012

ここで使うネイティブ口形

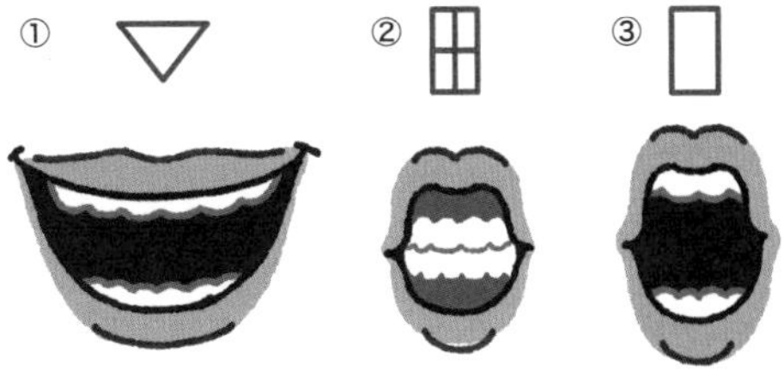

このHの中にも、もう１つ別のアルファベットが入っています。それは、アルファベットAです。また日本語にはない特殊な舌の動きと発音が出てきますので楽しんでください。

ではHの発音を見ていきましょう。

①まずAを発音します。Aは▽をキープしたままで「エイ」と発音してみてください。**アクセントは最初に入ります**ので、初めの音を強くハッキリと発音します。舌先は下の前歯の裏につけて離れないようにしましょう。

②[tʃ]は、日本語では絶対使わない音です。丁寧に見ていきましょう。

（1）歯の上下をつけて閉じたまま、唇を前に突き出して、ドナルドダックのような口形をキープします。舌先を上前歯の裏につけたまま準備します。舌が吸盤のように上あごに強くつくような感じです。

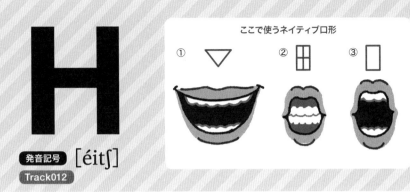

（2）吸盤のように上あごについた舌に息を流そうとしてみましょう。息

がつっかかる感じがしませんか。それが正解です。舌が上にしっかりとついていると、息がせき止められて流れません。

では、息をせき止めたまま、一気に舌と下あごをけり落としましょう。その時に息が破裂する音が［tʃ］です。

「チッ」という破裂する発音になります。口形をキープしたまま舌をけり落とすことが大切です。

では、①と②をひと息でつなげて発音してみましょう。日本語にはない子音の輪郭をハッキリとさせる良いチャンスなので、楽しみながら練習してみてくださいね。

［tʃ］の発音が含まれる英単語を紹介します。［tʃ］の発音箇所を確認してみましょう。

・check［tʃék］
・change［tʃéindʒ］
・chance［tʃǽns］
・chase［tʃéis］
・chest［tʃést］
・cheek［tʃíːk］
・chat［tʃǽt］
・chair［tʃéər］
・teacher［tíːtʃər］
・nature［néitʃər］

Gのポイントは「歯のバイブレーション」

「歯の震え」を意識して発音！

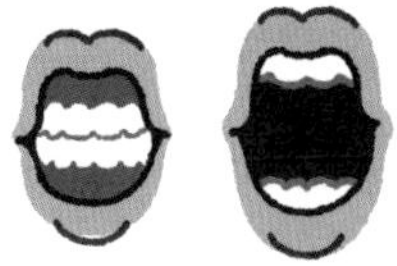

A éi	B bí:	C sí:	D dí:
E í:	F éf	G dʒí:	H éitʃ
I ái	J dʒéi	K kéi	L é(ə)l
M ém	N én	O óu	P pí:
Q kjú:	R á:r	S és	T tí:
U jú:	V ví:	W dʌ́bljù:	X éks
Y wái	Z zí:		

G

発音記号 [dʒíː]

Track013

ここで使うネイティブ口形

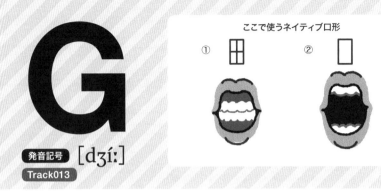

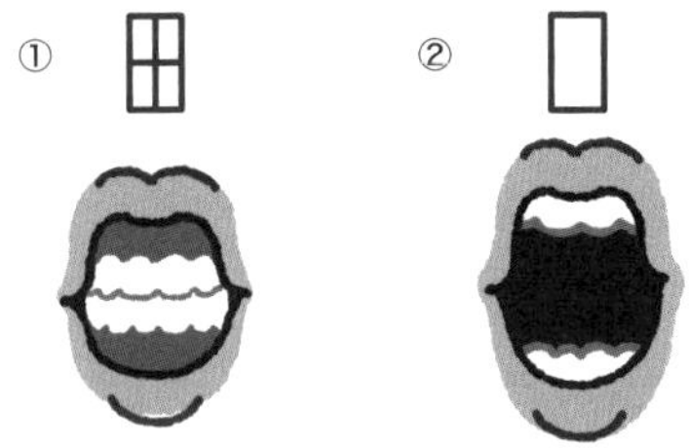

Gは、２つの口形で発音します。アルファベットEが発音に入っていますが、**▯の口形をキープして発音すると、少し深い感じのEになります**。同じように発音しても口形が変わるだけで、声のトーンが変化していくのも面白いですね。

Eの前につく子音は、日本語にはない子音です。発音したことのない音が、自分の口から出てくるのを楽しんでみてくださいね。詳しく見ていきましょう。

① [dʒ] は歯のバイブレーションが起きるので、歯がくすぐったくなる発音です。一緒に作っていきましょう。
上下の歯をつけたまま、唇を前に突き出して、ドナルドダックのような口形をキープします。歯を閉じたまま「ジー」と声を出してみましょう。電話のバイブ音みたいな音が出ますね。**歯が震えて、くすぐったくなったらOK**です。

②口形をキープしたまま、歯の上下を指１本分開けて、アルファベットEを発音してみましょう。口角は上げません。

では、ゆっくりひと息で、①と②をつなげて発音してみましょう。

①で歯のバイブレーションを長めに伸ばし、下あごをけり落とすときにEをはっきりと発音します。

［dʒ］の発音が含まれる英単語を紹介します。［dʒ］の発音箇所を確認してみましょう。

・January［dʒǽnjuèri］
・June［dʒúːn］
・July［dʒuːlái］
・jacket［dʒǽkit］
・jump［dʒʌ́mp］
・judge［dʒʌ́dʒ］
・ginger［dʒíndʒər］
・giraffe［dʒərǽf］
・jeep［dʒíːp］
・change［tʃéindʒ］

Jは日本語の「ジェイ」ではない！

Aを意識しながら
発音しよう

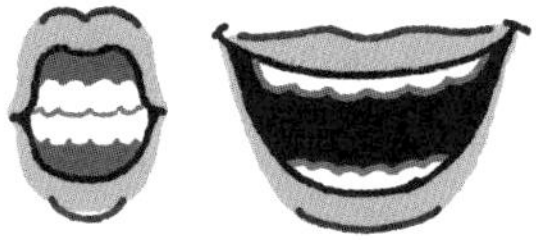

A éi	B bí:	C sí:	D dí:
E í:	F éf	G dʒí:	H éitʃ
I ái	J dʒéi	K kéi	L é(ə)l
M ém	N én	O óu	P pí:
Q kjú:	R á:r	S és	T tí:
U jú:	V ví:	W dʌ́bljù:	X éks
Y wái	Z zí:		

J

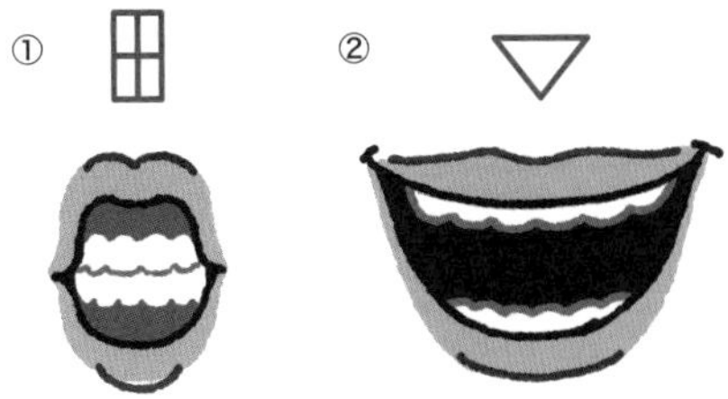

発音記号 [dʒéi]

Track014

このJの中にも別のアルファベットが入っています。それは、アルファベットAです。

① [dʒ] は、Gの最初に発音する音です。上下の歯をつけたまま、唇を前に突き出して、ドナルドダックのような口形をキープした状態で、声を思いきり出してみましょう。歯がくすぐったくなったらOKです！

②アルファベットAを発音します。

では、①と②をひと息でつなげて発音してみましょう。**上下の歯をしっかりつけて、「ジー」と3秒間出しましょう。**歯に振動音が聞こえるくらいにバイブレーションを感じたら、そのままひと息でつなげ、勢いよくAの発音をしましょう。**Aをハッキリ発音**できるように練習してみてください。日本語の「ジェイ」とは違うことに気づくはずです。

BとPはセットで覚えよう！

しっかり息をため込んで発音する

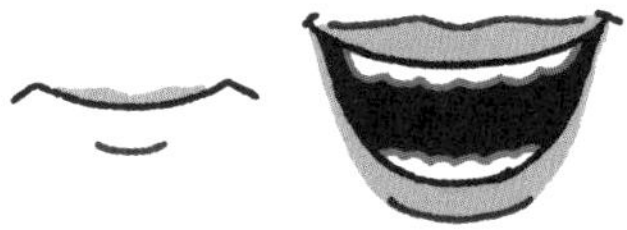

A éi	B bí:	C sí:	D dí:
E í:	F éf	G dʒí:	H éitʃ
I ái	J dʒéi	K kéi	L é(ə)l
M ém	N én	O óu	P pí:
Q kjú:	R á:r	S és	T tí:
U jú:	V ví:	W dʌ́bljù:	X éks
Y wái	Z zí:		

B

発音記号 [bíː]

Track015

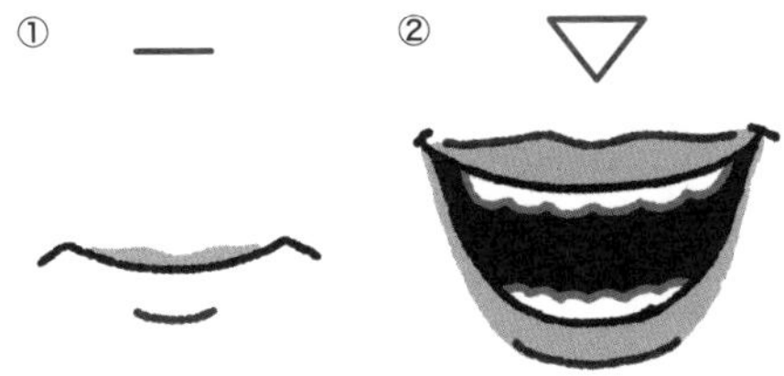

Bは2つの口形を使って発音します。[b] は、上下の唇をつけてしっかりと丸め込み、息をため込んでから、唇の破裂と共に音を出すイメージです。Bの発音は次の2ステップで行います。

①上下の唇をつけてしっかりと丸め込み、息をため込んでから、音と共に唇を破裂させます。「ブッ」のような音になります。

②アルファベットEをハッキリと発音します。口角をしっかりと上げることを忘れずに。

では、①と②をひと息でつなげて発音してみましょう。**口の前に手を置き、勢いよく声を出して、手のひらに声が当たっていればOK**です。

P

発音記号 [píː]

Track016

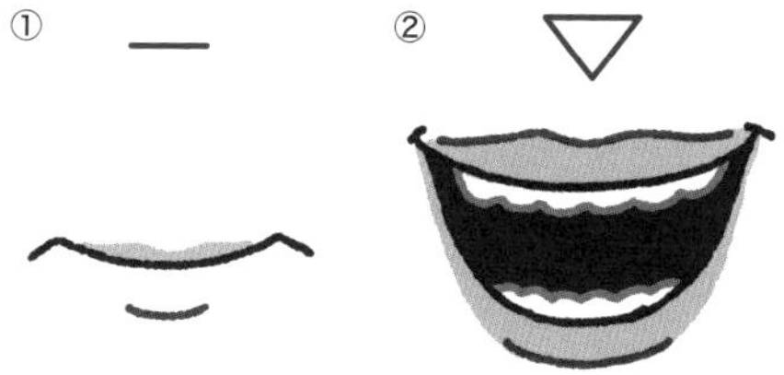

Bとまったく同じ２つの口形を使って発音します。最初の発音が、有声音の子音から無声音の子音に変わります。

①［p］は、唇を閉じて息をため込んでから、息と共に唇が破裂します。口の中は「お」を意識してください。無声音ですので、息だけが出ます。声は出しません。

②アルファベットEをハッキリと発音します。

では、①と②をひと息でつなげて発音してみましょう。口の前に手を置いて、手のひらに当たっていればOKです。

BとPは口の形も舌の動きも同じで、子音に音があるかないかの違いです。一緒にセットで覚えてしまいましょう。

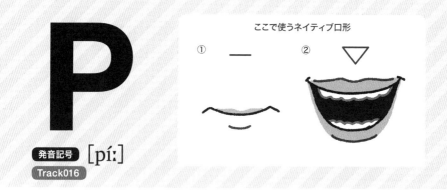

CとZはセットで覚えよう！

子音の違いを
楽しみながら
発音する

A éi	B bí:	C sí:	D dí:
E í:	F éf	G dʒí:	H éitʃ
I ái	J dʒéi	K kéi	L é(ə)l
M ém	N én	O óu	P pí:
Q kjú:	R á:r	S és	T tí:
U jú:	V ví:	W dʌ́bljù:	X éks
Y wái	Z zí:		

C

発音記号 [síː]

Track017

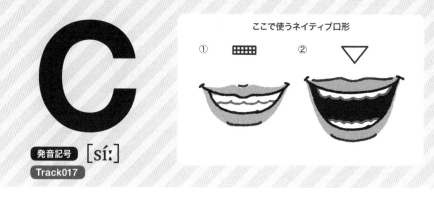

ここで使うネイティブ口形

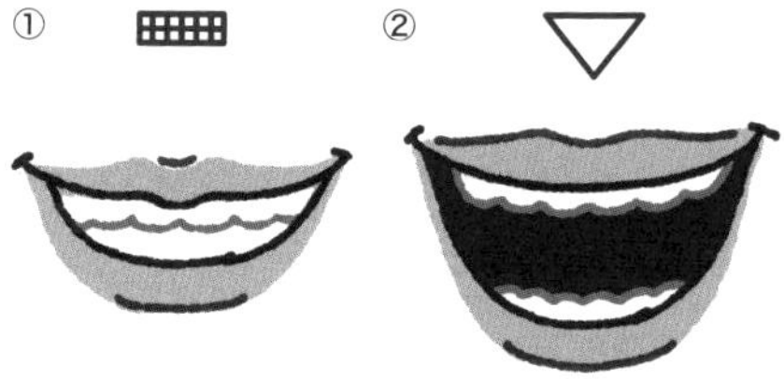

Cも2つの口形を使って発音します。

①最初の [s] は、歯の上下をしっかりとつけて口角を上げたまま、息を思いきり吐いてください。この子音は無声音ですので、**息だけが出ていればOK**です。

②アルファベットEをハッキリと発音します。口角のキープも忘れないでください。

では、①と②をひと息でつなげて発音してみましょう。①で息をしっかりと吐いたまま、下あごだけを落としてEを発音する感じです。

[s] は長く発音する子音ではありませんが、最初は [スー] と息を強めに3秒間伸ばして練習しましょう。

Z

発音記号 [zíː]

Track018

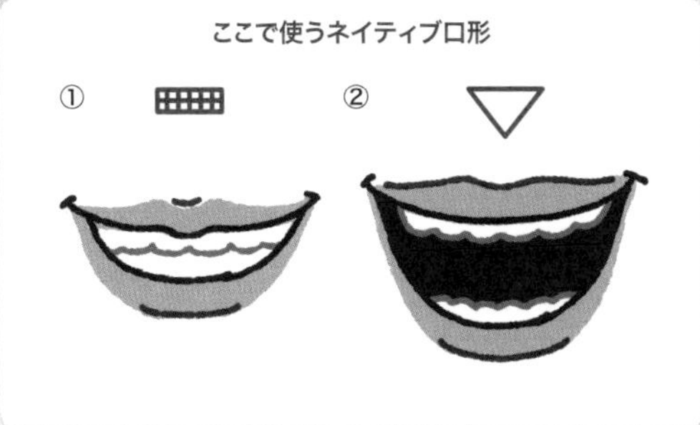

Cとまったく同じ2つの口形を使って発音します。違いは「子音に音があるかないか」です。

①[z]は、歯の上下をしっかりとつけて口角を上げたまま、声を思いきり出してください。この子音は有声音ですので、歯を閉じたまま声を出すと、歯に振動を感じます。**スマホのバイブ音のような音が出ればOK**です。

②アルファベットEをハッキリと発音します。口角はそのままキープします。

では、①と②をひと息でつなげて発音してみましょう。

まず、歯を閉じて声を3秒間伸ばす練習をしてみましょう。歯のバイブレーションを伝える子音がハッキリとしていきます。3秒間伸ばしてそのまま勢いよく、下あごを落としてEを発音しましょう。

Oは2つの口形を使って発音する！

ポイントは「口形①を長めに発音」

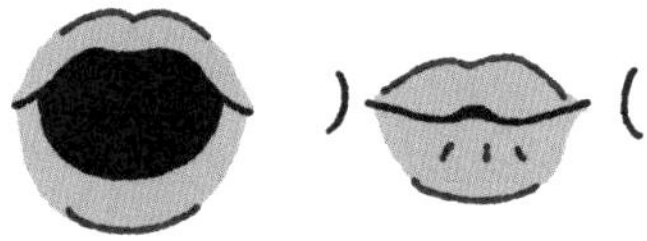

A éi	B bíː	C síː	D díː
E íː	F éf	G dʒíː	H éitʃ
I ái	J dʒéi	K kéi	L é(ə)l
M ém	N én	O ① o óu	P píː
Q kjúː	R ɑ́ːr	S és	T tíː
U júː	V víː	W dʌ́bljùː	X éks
Y wái	Z zíː		

O

発音記号 [óu]

Track019

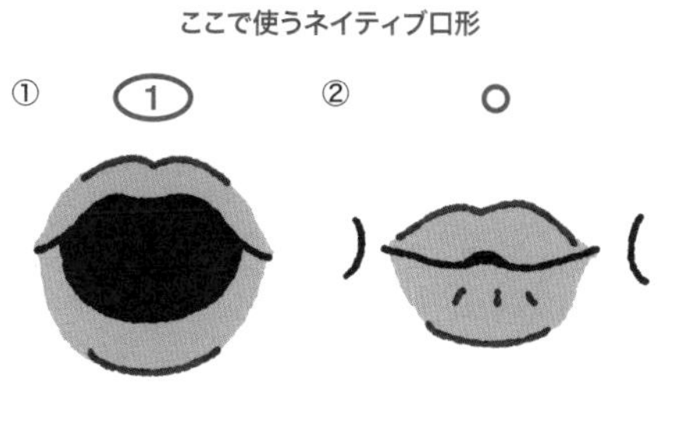

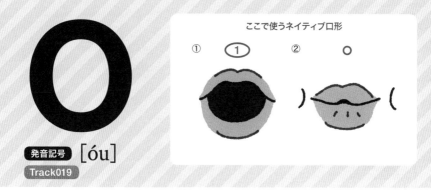

意外にもOは2つの口形を使って発音します。口の開き具合を変化させることによって、音の輪郭も大きく変化します。2音とも母音で構成されているので、**「二重母音」**と呼ばれています。

①最初の[o]の口形は、指1本分の口を開けて、上の歯と下の歯の歯間を取ります。低めの声で「おッ」と発音します。唇は突き出す必要はありません。ポカーンと口を開けて、どこにも力が入らないリラックス状態の唇です。

②[u]は、一番小さい○の口形です。唇は口笛を吹く口形で、つまようじ1本分の隙間を作ります。口形をキープしたまま、「う」に濁点がつく感じで「う゛ー」と発音します。口が狭い状態ですので、息が唇に当たって、唇がくすぐったくなるくらいに振動すればOKです。

①を長めに発音しながら、ひと息で口形を○に近づけ、発音しましょう。

UとQは
セットで覚えよう！

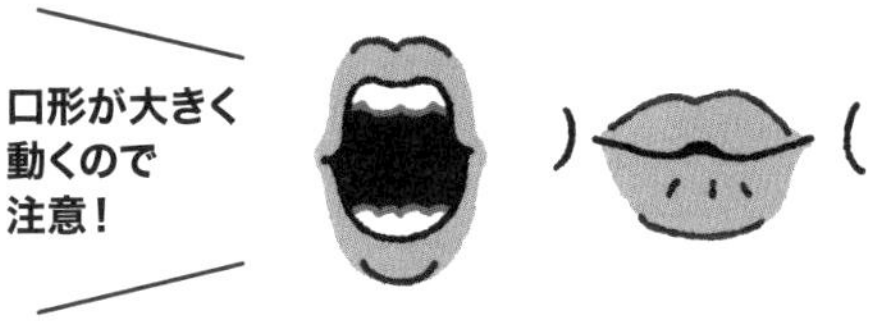

A éi	B bí:	C sí:	D dí:
E í:	F éf	G dʒí:	H éitʃ
I ái	J dʒéi	K kéi	L é(ə)l
M ém	N én	O óu	P pí:
Q kjú:	R á:r	S és	T tí:
U jú:	V ví:	W dʌ́bljù:	X éks
Y wái	Z zí:		

U

発音記号 [jú:]

Track020

ここで使うネイティブ口形

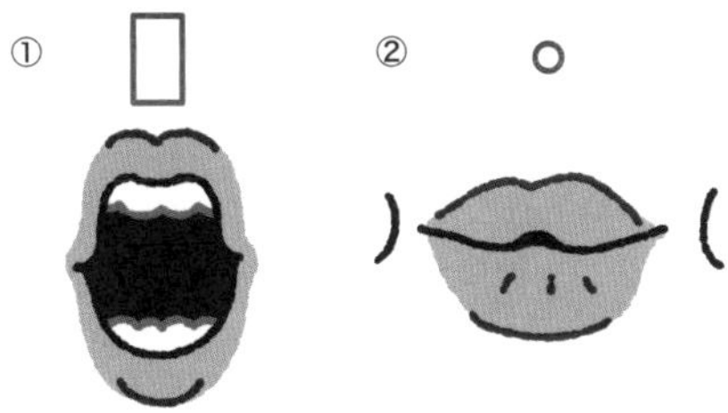

Uも２つの口形を使って発音します。

① [j] は、唇を前に突き出して、ドナルドダックのような口形にします。人差し指を軽く噛んで、唇を指２本分縦に開けましょう。口形をキープしたまま、「いー」と伸ばして発音練習しましょう。

②一番小さい○の口形です。唇は口笛を吹く口形で、つまようじ１本分の隙間ができます。口形をキープしたまま、「う」に濁点がつく感じで「う゛ー」と発音します。口が狭い状態ですので、息が唇に当たって、唇がくすぐったくなるくらいに振動すればOKです。

ひと息で声を止めずに、①と②をゆっくりつなげて発音してみましょう。**「いー」と発音し、唇をゆっくり突き出しながら口形の隙間をつまようじ１本分に近づけていきます。**

Q

発音記号 [kjú:]

Track021

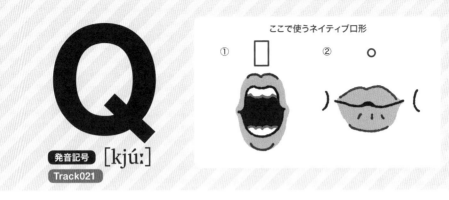

ここで使うネイティブ口形

① □

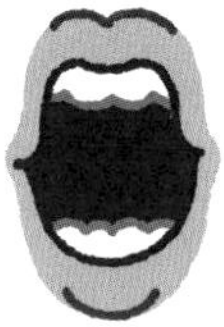

② o

Qの中にはUの発音が入っています。しかし、口形はUと同じです。「では、[k]の発音はどこに入るの？」となりますね。**□の口形のままで、[k]と[j]を発音する**のです。QはUの前に[k]を追加して発音するだけです。

①[k]は、口の前に手を置いて「クッ」と息を手に当てるようにしましょう。この子音は無声音ですので、息だけが出ていればOKです。

②アルファベットUの発音につなげる。

では、①と②をひと息でゆっくりつなげて発音してみましょう。口形が大きく動きますが、ゆっくりと練習します。

IとYは
セットで覚えよう！

Yは最初に
口形○を
加える

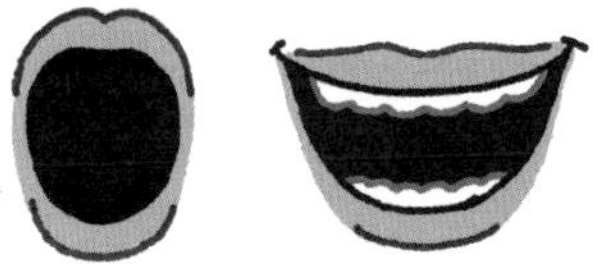

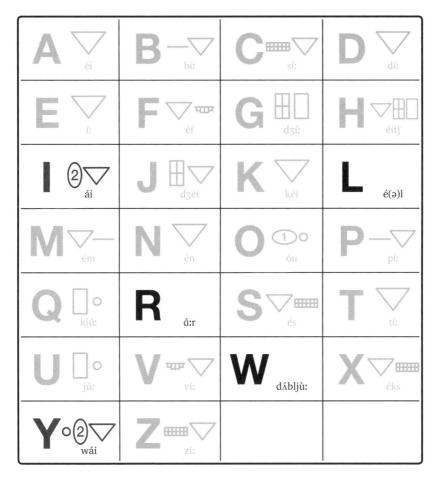

A éi	B bíː	C síː	D díː
E íː	F éf	G dʒíː	H éitʃ
I ái	J dʒéi	K kéi	L é(ə)l
M ém	N én	O óu	P píː
Q kjúː	R áːr	S és	T tíː
U júː	V víː	W dʌ́bljùː	X éks
Y wái	Z zíː		

I

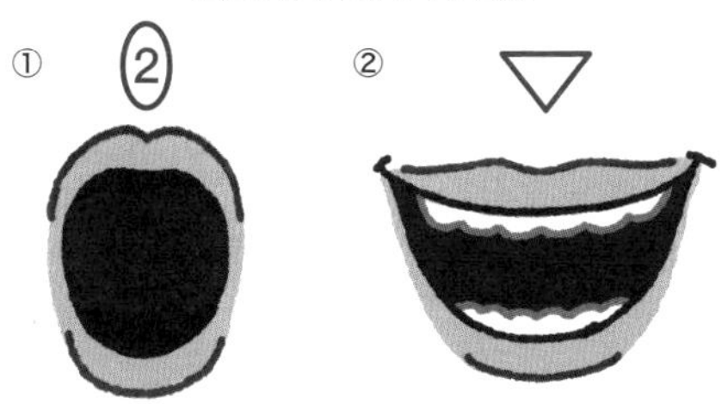

発音記号 [ái]

Track022

２つの口形を使って発音します。

①[a]は、指２本分、口を縦にしっかりと開けたままの状態で、あくびをする感じで「あー」と発音してみましょう。[a]は長母音ではなく、母音を短く発音する短母音(たんぼいん)です。単音で練習するときは、長めに音を出して練習してください。口形もサウンドも安定していきます。

②アルファベットＥと同じ口形で、[i]と短く発音しましょう。

では、①と②をひと息でつなげて発音してみましょう。**①で「あー」と発音し、指２本分縦に口を開けたまま、そのまま口角だけを上げて笑顔を作る**感じです。口角だけをゆっくり上げて、口角の位置が定位置についたら、[i]を発音します。

口形②だけでも発音できますが、発音を明確につかむため、最初は②＋▽で練習しましょう。

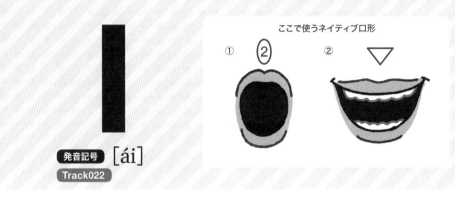

Y

発音記号 [wái]

Track023

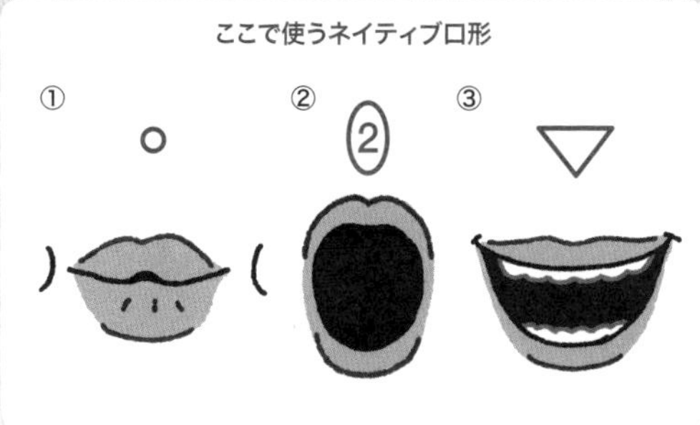

Yの中にはIの発音が入っています。②と③がIの発音になります。**YはIの前に一番小さい○の口形を追加して発音するだけ**です。

① [w] は、唇は口笛を吹く口形で、つまようじ１本分の隙間ができます。その口形をキープしたまま、口笛を吹くのではなく、風船を膨らませるときのように「う゛ー」と声を出してみましょう。
風船に空気を入れるような仕草で練習してみてください。口が突き出て両頬が膨らむはずです。そのまま「う゛ー」と声を出してみましょう。唇が震えてバイブレーションが起きたらOKです！

②③アルファベットIをゆっくり丁寧に発音します。指２本分縦に口を開け、口角をしっかり上げることを忘れないでください。

声を止めずにひと息で、①と②と③をつなげて発音してみましょう。
口形が大きく動きますが、丁寧につなげていくことによって、口形、音の輪郭が安定していきます。

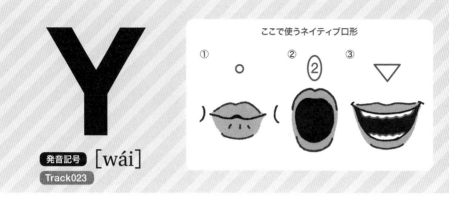

Rのポイントは ドナルドダックの口形

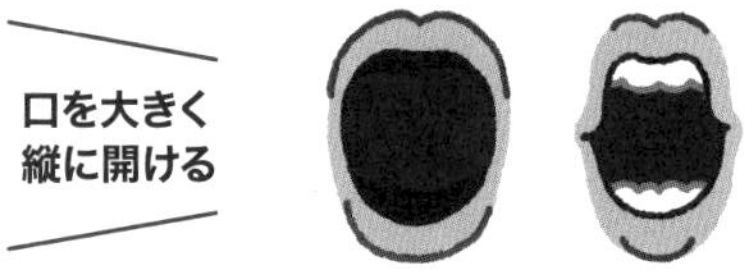

A éi	B bíː	C síː	D díː
E íː	F éf	G dʒíː	H éitʃ
I ái	J dʒéi	K kéi	**L** é(ə)l
M ém	N én	O óu	P píː
Q kjúː	**R** áːr	S és	T tíː
U júː	V víː	**W** dʌ́bljùː	X éks
Y wái	Z zíː		

R

発音記号 [á:r]

Track024

ここで使うネイティブ口形

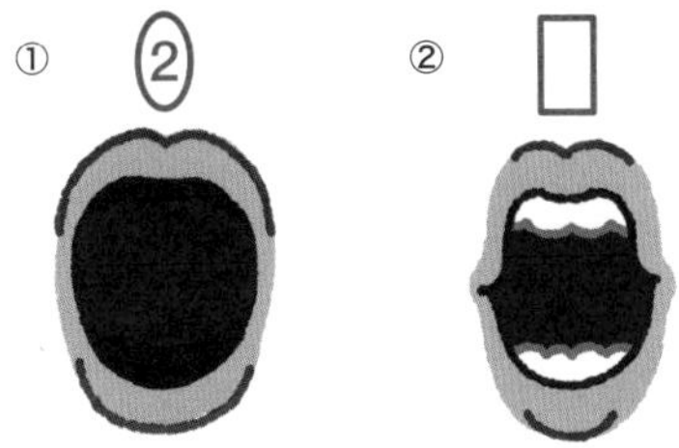

さて、日本人が不得意とする発音が含まれる、アルファベットRです。口形はたった2つです。

ポイントを把握すれば、すぐに発音できます。

①[ɑ:]は、アルファベットIの最初の発音を伸ばすだけです。指2本分、口を縦にしっかりと開けたままの状態で、あくびをする感じで、「あー」と発音してみましょう。

②[r]は、唇を前に突き出して、ドナルドダックのような口形をキープします。舌先を持ち上げないように、そのまま舌全体を後ろにまっすぐスライドして、声を出しましょう。これが[r]の発音です。

では、ひと息で声を止めずに①と②をつなげて発音してみましょう。

[r]は、舌先を上に上げて、舌を丸めると思っている方が非常に多いので

すが、**絶対に丸めてはいけません。**ネイティブが聞いて気持ち悪いと感じる発音になってしまいますので、要注意です。

②の口形を作ると同時に、舌全体をまっすぐ後ろに引くだけです。今まで出したことのない発音を、どうぞ楽しんで練習してみてください。これがネイティブ発音です。

また、①を長めにしっかり発音すると、より発音が安定します。

Lのポイントは舌の動き！

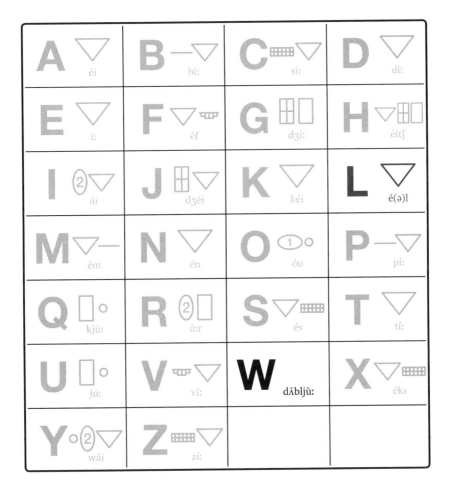

A éi	B bíː	C síː	D díː
E íː	F éf	G dʒíː	H éitʃ
I ái	J dʒéi	K kéi	**L é(ə)l**
M ém	N én	O óu	P píː
Q kjúː	R áːr	S és	T tíː
U júː	V víː	**W dʌ́bljùː**	X éks
Y wái	Z zíː		

L

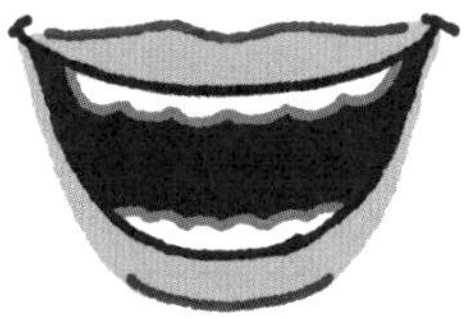

発音記号 [é(ə)l]

Track025

実は、Lには日本語にはない重要な音が秘かに含まれています。多くの辞書では、Lの発音記号は [él] と記載されていますが、ここでは発音記号を [é(ə)l] と表記します。ネイティブ発音に近づけるための練習をしていきましょう。

Lは口形▽で３つの発音をします。舌の動きが重要になってきますので、舌の位置を確認しながら発音してみましょう。次の３つの発音が終わるまで、▽をキープします。

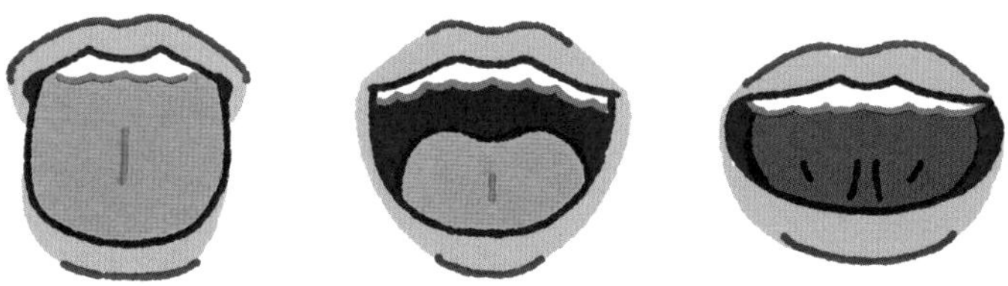

① [e] は、Aの最初の発音と同じです。舌先は下前歯の裏につけたまま「エッ」と発音。

② [ə] は「シュワサウンド」という音で、英語で多用する発音になります。舌先は下前歯の裏につけたまま、舌の奥は下がっている状態です。鏡を見て確認してみましょう。**のどの奥が見えればOK**です。口を開けたまま、軽い咳払いをする感じで「アッ」と発音します。
「シュワサウンド」は、英語で「schwa sound」と書きます。日本語の「あ」と「お」の中間のような音なので、日本では「あいまい母音」と言われています。

③ [l] はシュワサウンドのような発音です。舌を上前歯の裏につけ、シュワサウンドのように軽く咳払いしてみましょう。単音で練習するときは、舌で上前歯の裏を軽くけり出すのもよいです。舌の位置が安定します。

声を止めずにひと息で、スローモーションのように①と②と③をゆっくりつなげながら発音してみましょう。口形は▽をキープしたままで、舌だけをゆっくり変化させます。日本語の「エル」という発音ではないことがわかったはずです。

Wは5つの口形を使って発音！

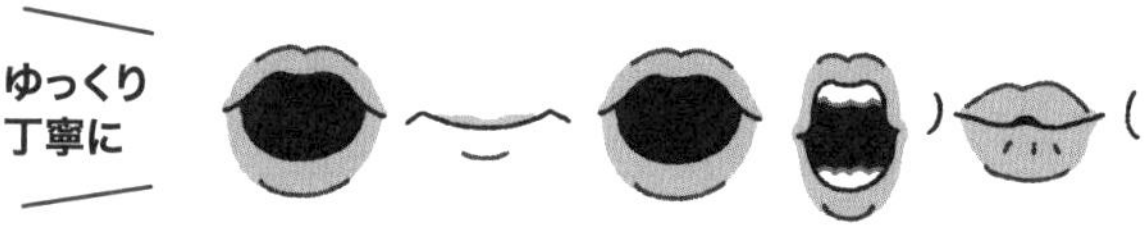

A éi	B bíː	C síː	D díː
E íː	F éf	G dʒíː	H éitʃ
I ái	J dʒéi	K kéi	L é(ə)l
M ém	N én	O óu	P píː
Q kjúː	R áːr	S és	T tíː
U júː	V víː	**W dʌ́bljùː**	X éks
Y wái	Z zíː		

W

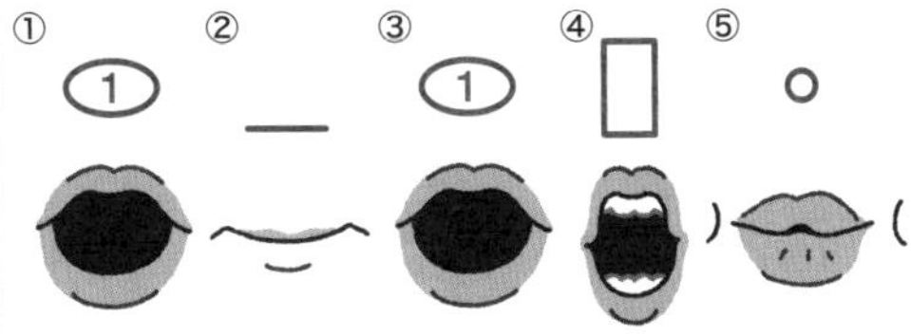

発音記号 [dʌ́bljùː]

Track026

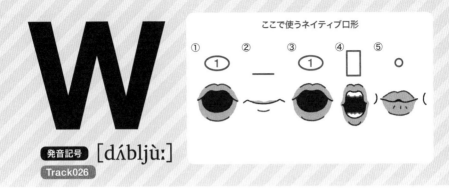

Wは、５つの口形で発音していきます。アルファベットの中で最も多い口形数です。そしてWの中には、もう１つ別のアルファベットが含まれています。アルファベットを見つけることはできますか。すぐ見つけることができたら、あなたはもうアルファベットのエキスパートです！

それでは、①と②③と④⑤の動きに分けて丁寧に見ていきましょう。

①まず[dʌ́]を発音します。ひとつの口形で２つの音をまとめて発音します。

（1）[d]は、アルファベットDの最初に発音する音です。指１本を軽く噛んだまま、舌先を上から下にけり出すときに、息で声を押し出します。

（2）[ʌ]は、アルファベットLの中で出てきた発音[ə]を強く発音するものです。舌先は下の前歯の裏につけて、少し強めに咳払いをする感じで「アッ」と発音します。

それでは、一度ここまでのつながりを完成させましょう。

①

指１本分のスペースをキープしたまま、舌だけを上から下にけり落として発音します。これで①は完成です。

次は、②③を続けて発音してみましょう。

②［b］は、アルファベットBの最初に発音する音です。唇を閉じて息をため込んでから、音と共に唇が破裂します。口の中は「お」を意識してください。

②

③［l］は、アルファベットLの最後の音です。舌を上の前歯の根元に舌をつけます。

③

②③のつながりをチェックしましょう。②で破裂音が出たら、すぐに舌先を［l］につけます。

これで②③も完成しました。

最後に残るは④⑤です。これは簡単です。すでに練習した**アルファベットUを発音するだけ**です。復習してみましょう。２つの口形を使って発音します。

④ [j] は、唇を前に突き出して、ドナルドダックのような口形にします。指２本分、唇を縦に開けましょう。口形をキープしたまま、「いー」と伸ばして発音練習しましょう。

④

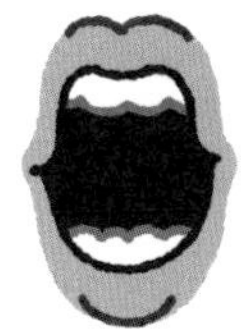

⑤一番小さい○の口形です。唇は口笛を吹く口形で、つまようじ１本分の穴がある感じになります。口形をキープしたまま、「う」に濁点がつく感じで「う゛ー」と発音します。口が狭い状態ですので、声が唇に当たって、唇がくすぐったくなるくらいに振動すればOKです。

⑤

では、④と⑤をつなげてアルファベットUを発音してみましょう。

これで①から⑤までの音を確認できました。アルファベットの中でも一番発音数が多いので、３つグループを意識しながら、ひと息でつなげて発音していきましょう。

① [dʌ́]
②③ [bl]
④⑤ [jùː]

では、ひと息でゆっくりと、スローモーションでつなげて発音してみましょう。①→②③→④⑤というかたまりを意識してください。

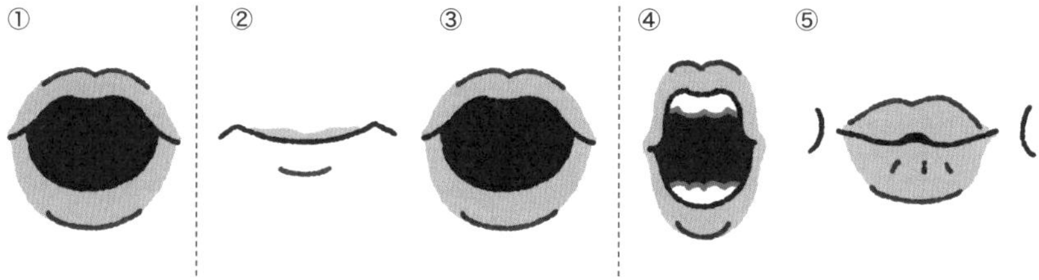

日本語の「ダブリュー」と大きく違うのがわかるはずです。発音のかたまりと口形をリンクさせると、発音も安定します。アルファベット「W」は口形が多いですが、音の輪郭をハッキリつかむには、とても良い練習です。繰り返し練習してみてくださいね。

26個のアルファベットを完全攻略！

これであなたは英語発音の約70%をマスターしました。おめでとうございます。次のChapterでは、アルファベットに含まれていない「11の発音」を攻略します。

A éi	B bí:	C sí:	D dí:
E í:	F éf	G dʒí:	H éitʃ
I ái	J dʒéi	K kéi	L é(ə)l
M ém	N én	O óu	P pí:
Q kjú:	R á:r	S és	T tí:
U jú:	V ví:	W dʌ́bljù:	X éks
Y wái	Z zí:		

CHAPTER 3

アルファベットにはない「11の発音」をマスター！

アルファベットの発音をマスターしたあなたは、

英語発音の約70%を習得しました。

あと「11の発音」を学ぶことで、

すべての英語発音をマスターすることができます。

11音を口形でグループ分けすると次の4つです。

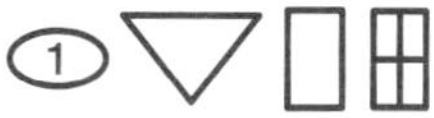

この4つの口形で

簡単に発音することができます。

無声音と有声音の発音も

一緒にセットで学んでいきましょう！

アルファベットにない発音①

Track027

h

ここで使うネイティブ口形 ①

指１本分、口を縦に開けて、息を吐くだけです。無声子音なので、音は出ません。口の前に置いた手に息が当たればOKです。それが「h」という音です。口形は①だけでなく、○、②、▽、□でも発音できます。[h]の後に続く口形で発音することも多いです。

アルファベットにない発音②

Track028

g

ここで使うネイティブ口形 ①

指１本分、口を縦に開けます。**舌先は下前歯の裏につけたまま、「グッ」と短く一瞬で発音**してみましょう。舌根（舌の奥）が上から下に落とされます。舌根が動いていればOKです。ちなみに、[g]と[k]は口形と舌の動きは同じです。[g]は有声音、[k]は無声音の違いだけです。

アルファベットにない発音③

Track029

ŋ

ここで使うネイティブ口形 ①

[ŋ]と[g]の舌の動きは似ています。指１本分、口を縦に開けたまま発音します。**舌先は下前歯の裏につけたまま、「ん゛ッ」と発音**して、息を止めます。舌の奥が上あごにつき、しゃっくりのような感じの発音になります。発音記号は難しそうに見えますが、口形と舌の動きを把握できれば簡単に発音できます。

アルファベットにない発音④

Track030

ɔ

ここで使うネイティブ口形 ①

唇を前に突き出して、**指１本分、口を縦に開けたまま、「お」と低めの声で発音**します。舌先は下前歯の裏につけておきましょう。声を出している間、口をしっかりと突き出しておきます。

アルファベットにない発音⑤

Track031

ɔː

ここで使うネイティブ口形 ①

唇を前に突き出して、**指１本分、口を縦に開けたまま「おー」と低めの声で長く発音**します。舌先は下前歯の裏につけておきましょう。声を出している間、口をしっかり突き出しておきます。

アルファベットにない発音⑥

Track032

θ

ここで使うネイティブ口形 ①

前歯で舌を軽く噛みます。そのまま息を吐きましょう。音は出ません。
無声子音なので、**息が流れていればOK**です。

アルファベットにない発音⑦

Track033

ð

ここで使うネイティブ口形 ①

［θ］とまったく同じ口形と舌形です。**前歯で舌を軽く噛んだまま「ズーーッ」という感じで発音**します。有声子音なので、噛んでいる舌に振動を感じたらOK。携帯のバイブ音のようなサウンドです。舌を軽く噛んだまま発音することが大切です。［θ］と［ð］は口形も舌の動きも同じです。無声音と有声音の違いだけです。セットで覚えてしまいましょう。

アルファベットにない発音⑧

Track034

ʃ

ここで使うネイティブ口形 田

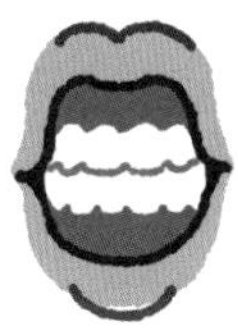

上下の歯を閉じたまま唇を前に突き出して、ドナルドダックのような口形にします。**唇は指２本分縦に開けたまま、「シー」と声を出さずに息だけを伸ばしましょう。**完成です。子供がうるさいときなどに、母親が人差し指を口の前に立てて「シー」と言う感じです。唇の前に、指を１本立てたまま、口を突き出して「シー」と発音練習しましょう。

アルファベットにない発音⑨

Track035

ʒ

ここで使うネイティブ口形

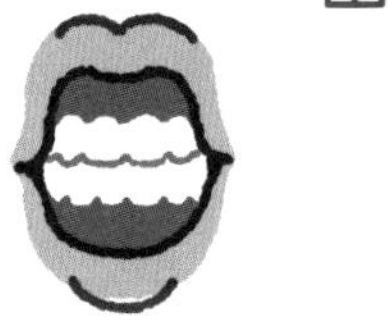

唇の前に指を１本立てたまま、口を突き出して「ジー」と発音します。上下の歯をしっかり閉じて発音すると、バイブレーションを感じるはずです。歯がくすぐったくなる感じがあればOKです。「ʃ」「ʒ」の口形は同じなので、セットで覚えましょう。ちなみに [ʃ] は無声子音、[ʒ] は有声子音です。共に伸ばす音ではありませんが、長めに伸ばして練習しましょう。

アルファベットにない発音⑩

Track036

ər

ここで使うネイティブ口形

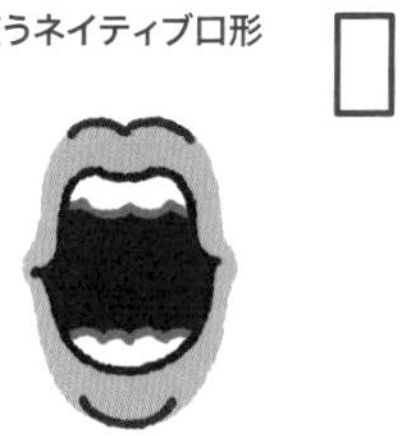

人差し指を軽く噛んで、唇を前に突き出して、ドナルドダックのような口形にします。唇は指２本分縦に開けましょう。

次は舌の動きのポイントを見ていきます。舌全体を後ろへ真っすぐスライドさせます。舌先は持ち上げないようにしましょう。

口形と舌を固定してから、声を３秒間伸ばしてみましょう。**舌を奥に引くので、「う゛ー」という、少しこもった音**になります。

アルファベットにない発音⑪

Track037

æ

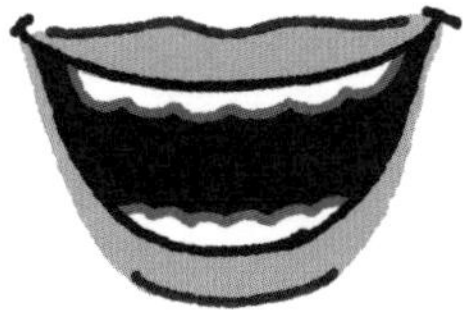

［æ］は日本語の「エ」と「ア」の中間のような音。英語の発音の中で、最も高い音です。**「エ」の口形を保ったまま、「ア」と言う感じ**です。ちなみにcatの発音の中に、この［æ］発音が含まれています。

まず口角をしっかりと上げて、指２本分、口を縦に開けたまま、一度「エッ」と高めの声で発音してみましょう。口形と舌の位置をキープしたまま、今度は、「エッ」を「アッ」に変えます。少し高めの鼻声のような感じで発音します。これが、［æ］です。

日本語にはない音で、英語の発音の中で一番高い音になります。他と比べて、音の輪郭がくっきり浮き出ます。ネイティブ発音特有の抑揚のある口調へと近づく大きな一歩です。繰り返し練習してくださいね。

［æ］は高い音ですので、文章の中でもひと際目立ちます。曲の旋律のように高低差がつき、ネイティブ独特の抑揚がつきます。アメリカ英語で使う発音［æ］は、イギリス英語だと［ə］の発音に変換されることが多いです。

アメリカ英語：can［kæn］（キャン）
イギリス英語：can［kən］（カン）

CHAPTER 4

基本単語を徹底的にマスター！

英単語の中には、

アルファベットの発音が含まれる単語が数多くあります。

難しい単語の中にも、

アルファベットが含まれていることがあります。

どこにアルファベットと同じ発音があるのかを確認しながら、

練習してみてください。

今まであいまいに発音していた英単語も、

アルファベットの箇所をハッキリと発音することで、

明瞭な発音へと変化していきます。

アルファベットを重視して簡単な英単語を選びましたので、

口形とあわせて、

ゆっくりと丁寧に発音練習をしてください。

アルファベットが入っている英単語を発音してみよう！

アルファベット	単語	発音記号
A [éi] Track038 	**eight、ate** （8）（食べた）	[éit]
	late （遅い）	[léit]
B [bí:] Track039 	**be、bee** （ある、いる）（蜂）	[bí:]
	beat （打つ）	[bí:t]
C [sí:] Track040 	**see、sea** （見る）（海）	[sí:]
	seat （座席）	[sí:t]
D [dí:] Track041 	**deep** （深い）	[dí:p]
	deal （分配する）	[dí:l]

口形	発音構成	ポイント
	A＋t	Aを発音した後、無声音の子音の［t］を息だけで発音します。舌で上前歯の裏を思いきりけるように発音しましょう
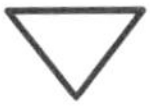	l＋A＋t	eight、ateの前に、［l］がつくだけです。舌先を上前歯の裏につけてからeight、ateを発音します
	B	アルファベットBの発音です
	B＋t	Bをハッキリ発音した後、［t］を発音します
	C	アルファベットCの発音です
	C＋t	Cを長めに発音した後、［t］を発音します
	D＋p	Dをハッキリと発音した後、唇を閉じてから「プッ」と息だけで唇を破裂させます。［p］は無声音の子音なので、音は入りません。息のみで発音します
	D＋l	Dを長めに発音した後、［l］はゆっくりと舌先を上前歯の裏に軽くつけます

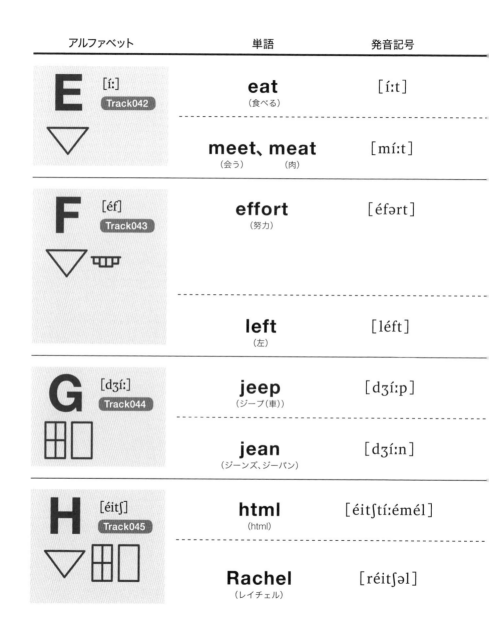

アルファベット	単語	発音記号
E [íː] Track042 	**eat**（食べる）	[íːt]
	meet、meat（会う）（肉）	[míːt]
F [éf] Track043 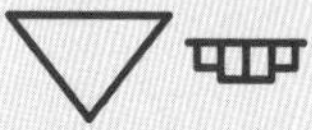	**effort**（努力）	[éfərt]
	left（左）	[léft]
G [dʒíː] Track044 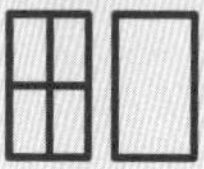	**jeep**（ジープ（車））	[dʒíːp]
	jean（ジーンズ、ジーパン）	[dʒíːn]
H [éitʃ] Track045 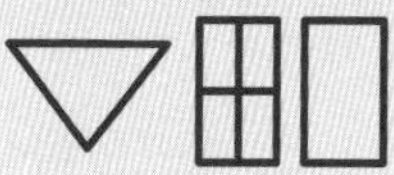	**html**（html）	[éitʃtíːémél]
	Rachel（レイチェル）	[réitʃəl]

口形	発音構成	ポイント
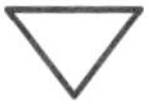	E＋t	Eを長めにハッキリと発音した後、[t]を発音しましょう
	m＋E＋t	eatの前に、[m]が入るだけです。唇を閉じてからeatを発音しましょう
	F＋ər＋t	先にFの発音を復習しましょう。で息を流したら、[ər]はすぐに口を突き出して口形をにして、舌全体を後ろにスライドし「エフゔー」のように発音し、最後に[t]を発音します。で唇を噛んで息をしっかりと流すことが大切です
	l＋F＋t	舌先を上前歯の裏に軽くつけてから、Fを発音して、最後に[t]を発音します
	G＋p	Gを長めにハッキリと発音した後、唇を閉じて息だけで[p]を発音します
	G＋n	Gを長めに発音した後、ゆっくりと舌先を上前歯の裏に軽くつけたまま[n]を発音します
	H＋T＋M＋L	各アルファベットHTMLを１個ずつハッキリと発音しましょう
	r＋H＋L	アルファベットが2個入っています。まずは、HとLだけをつなげて発音練習しましょう。慣れてきたら、その前に[r]を発音してHとLにつなげていきましょう

アルファベット	単語	発音記号
I [ái] Track046 	**eye**（目）	[ái]
	buy、bye（買う）（さよなら）	[bái]
J [dʒéi] Track047 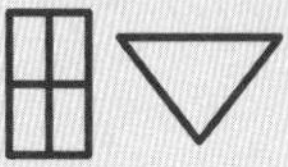	**jail**（刑務所）	[dʒéil]
	Jamie（ジェイミー）	[dʒéimiː]
K [kéi] Track048 	**cake**（ケーキ）	[kéik]
	case（容器）	[kéis]
L [é(ə)l] Track049 	**tell**（伝える）	[tél]
	sell（売る）	[sél]

口形	発音構成	ポイント
	I	アルファベットIの発音です
	b + I	まずIの発音を復習しましょう。唇を閉じてから「ブッ」と声で唇を破裂させ、[b] ⇒ Iにつなげて発音しましょう
	J + l	Jをハッキリと発音した後、ゆっくりと舌先を上前歯の裏に軽くつけます
	J + m + E	JとEの発音の間に、口を閉じて [m] を入れるだけです。俳優のJamie Foxx（ジェイミー・フォックス）さんの名前と一緒です。「ジェミー」のように発音することもあります
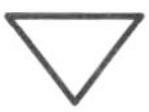	K + k	Kをハッキリと発音した後、[k]（クッ）と息だけで発音しましょう
	K + s	Kを発音した後、[s] を発音します。無声音の子音です。上下の歯をくっつけて息だけをしっかりと流す発音です
	t + L	まずLの発音を復習しましょう。舌で上前歯の裏をけるようにしてから、[t] ⇒Lの発音へと丁寧に進みましょう
	s + L	まずLの発音を復習しましょう。上下の歯を閉じて息を流してから、[s] ⇒Lの発音へと丁寧に進みましょう。ちなみに、tellとsellの違いは、最初の[t]と[s]だけです

アルファベット	単語	発音記号
M [ém] Track050 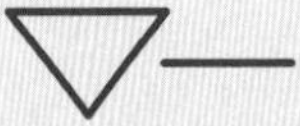	**them**（彼らを、彼らに）	[ðém]
	gem（宝石）	[dʒém]
N [én] Track051 	**pen**（ペン）	[pén]
	ten（10）	[tén]
O [óu] Track052 	**go**（行く）	[góu]
	goat（ヤギ）	[góut]
P [pí:] Track053 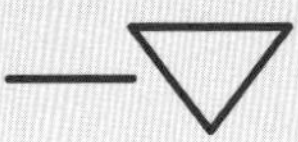	**pea**（エンドウ豆）	[pí:]
	piece、peace（ひとかけら）（平和）	[pí:s]

口形	発音構成	ポイント
	ð + M	まずMの発音を復習しましょう。舌先を軽く噛みながら［ð］を出します。歯と舌にバイブレーションを感じたらOKです。Mをつなげて発音します
	dʒ + M	［dʒ］は、アルファベットGの最初に発音する音です。上下の歯を閉じたまま、唇を前に突き出して、ドナルドダックのような口形をキープして「ジー」と思いきり声を出してみましょう。歯がくすぐったくなったらOKです。ひと息で「M」へと進みましょう
	p + N	まずNの発音を復習しましょう。唇を閉じてから「プッ」と息で唇を破裂させ、［p］⇒Nにつなげて発音しましょう
	t + N	Nの前に［t］を発音しましょう。ちなみに、penとtenの違いは、最初の［p］と［t］だけです
	g + O	指1本分、口を縦に開けたまま、短く一瞬で「グッ」と発音してから、Oへとつなげて発音しましょう
	g + O + t	goatはgoを発音した後に［t］を発音するだけです
	P	アルファベットPと一緒です
	P + s	Pをハッキリと発音した後、[s]を発音します。［s］は無声音の子音です。上下の歯を閉じて息を流しましょう

アルファベット	単語	発音記号
Q [kjúː] Track054 □ ○	**cute** (かわいい)	[kjúːt]
	rescue (助ける)	[réskjuː]
R [áːr] Track055 ② □	**are** (ある、いる)	[áːr]
	art (芸術)	[áːrt]
S [és] Track056 ▽ ▦	**less** (より少ない)	[lés]
	escape (逃げる)	[eskéip]
T [tíː] Track057 ▽	**tea** (茶)	[tíː]
	tease (からかう)	[tíːz]

口形	発音構成	ポイント
	Q + t	Qをハッキリと発音した後、[t] を発音します
	r + S + Q	[r] は口を突き出して口形を□にして、舌全体を後ろにスライドしたまま「ゔー」のように発音してから、続けてアルファベットSとQを発音します
	R	アルファベットRの発音です
	R + t	Rを丁寧に発音した後、[t] を発音します
	l + S	舌先を上前歯の裏につけて、ひと息で [l] ⇒Sへとつなげて発音しましょう
	S + K + p	アルファベットSとKを続けて発音した後、唇を閉じて一気に「プッ」と息を吐き出しましょう。アクセント箇所はKです
	T	アルファベットTと同じ発音です
	T + z	Tをハッキリと発音した後、上下の歯を閉じて [z] を出しましょう。歯のバイブレーションを感じたらOKです

アルファベット	単語	発音記号
U [jú:] Track058 	**you**（あなた）	[jú:]
	use（使う）	[jú:z]
V [ví:] Track059 	**movie**（映画）	[mú:vi]
	navy（海軍）	[néivi]
W [dʌ́blju:] Track060 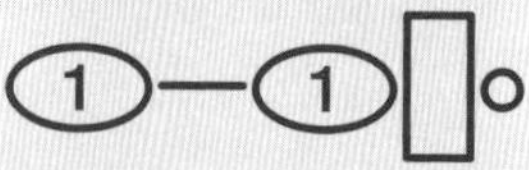	**W.C.**（トイレ）	[dʌ́blju̇:sí:]
	double（2倍の）	[dʌ́bl]

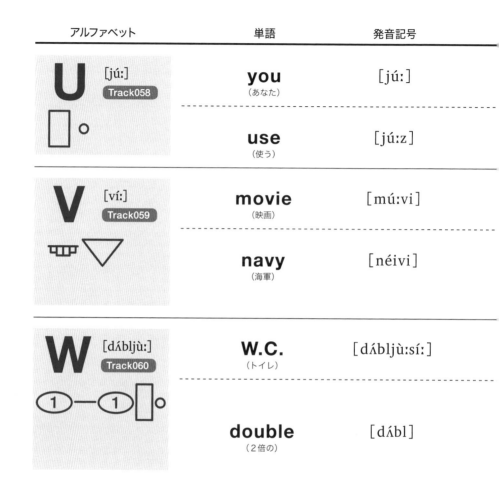

口形	発音構成	ポイント
	U	アルファベットUと同じ発音です
	U + z	Uを発音した後、上下の歯を閉じて [z] を出しましょう。歯のバイブレーションを感じたらOKです
	m + uː + V	[m] で口を閉じてから、口を突き出して、「むぅー」と [uː] を発音してから、アルファベットVへとつなげて発音します
	n + A + V	先にアルファベットAとVを続けて発音練習しましょう。発音が安定してきたら、舌先を上前歯の裏に軽くつけたまま [n] を出してから、AとVと続けて発音します。Vは唇のバイブレーションを忘れずに
	W + C	アルファベットWとCを続けて発音します。ちなみに、W.C.はwater closetの略です
	W − U	doubleでは、Wをすべて発音しません。Wの発音の中にアルファベットUが入っているのを覚えていますか。doubleでは[U]を取り除いて発音します。発音構成は、W−Uとなります。[dʌ́bljùː] から [jùː] を取り除き、[dʌ́bl] だけを発音します

アルファベット	単語	発音記号
X [éks] Track061 	**excuse** (許す)	[ekskjú:z]
	next (次の)	[nékst]
Y [wái] Track062 	**why** (なぜ)	[wái]
	while (〜する間)	[wáil]
Z [zí:] Track063 	**easy** (容易な)	[í:zi]
	zero (0)	[zí:rou]

口形	発音構成	ポイント
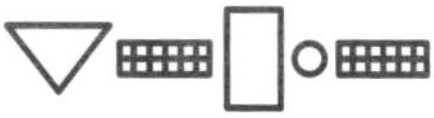	X＋Q＋z	アルファベットXとQを続けて発音してから、上下の歯を閉じて［z］を出しましょう。歯のバイブレーションを感じたらOKです。ひと息でつなげて発音しましょう
	n＋X＋t	舌先を上前歯の裏に軽くつけ、［n］⇒Xと発音します。最後に［t］を発音します
	Y	アルファベットYの発音です
	Y＋l	Yの発音をした後、舌先を上の前歯裏に軽くつけます
	E＋Z	アルファベットEとZを続けて発音するだけです。Eを強めに発音することで単語の輪郭がハッキリとします。Zは少し短めに発音することが多いです
	Z＋r＋O	アルファベットZとOの発音の間に［r］が入るだけです。先に、［r］+Oだけを練習してみましょう。人差し指を噛んで、唇をドナルドダックのように突き出して、舌全体を後ろにスライドして［r］を発音します。そしてひと息でOへとつなげて発音しましょう。安定したら、Zを発音してから［r］+Oをひと息で丁寧に発音しましょう

同じ発音の英単語をマスターしよう！

日本語で「魚（さかな）」と「肴（さかな）」は同音異義語です。発音は同じでも意味は異なります。英語にも同音異義語があります。同じ発音でも、スペルと意味が異なる英単語です。リスニングでは、音からはどちらの単語かわかりませんが、文の流れで理解することができます。

英単語は、小さな発音の組み合わせによって作られています。すでに英語発音のすべてを学びましたので、学習したページを復習しながら読み進めてください。

組み合わされた発音を、ひと息でつなげられるように練習していきましょう。

●同じ発音の英単語リスト

・see、sea

・meet、meat

・week、weak

・No、know

・one、won

・sun、son

・deer、dear

・here、hear

・too、two

・blue、blew

see / sea

（見る）　（海）

発音記号 [síː] Track064

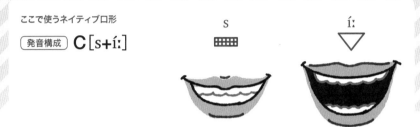

ここで使うネイティブ口形

発音構成 C [s+íː]

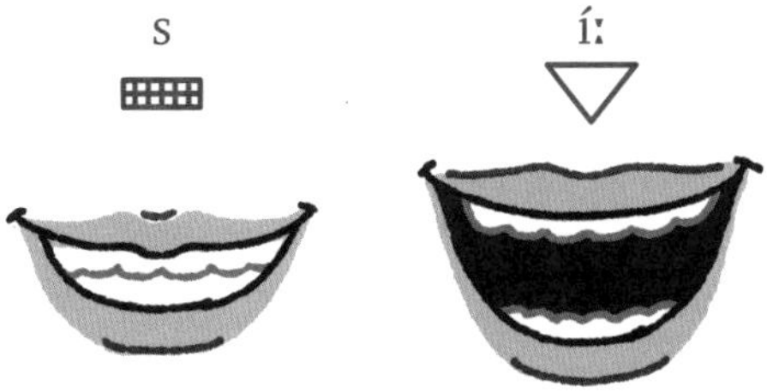

アルファベットCと同じ発音です。

このCの中にはアルファベットE [íː] の発音も含まれています。

上下の歯を閉じて「スー」と息だけを流してから、勢いをつけてアルファベットEを強く発音します。口角をしっかり上げ、指2本分、口を縦に開けましょう。

前歯が見えるようにキープしたまま、下あごだけを下に落とす感じです。この口形を保てるようになると、日常生活の中でも口角が上がるようになり、顔の表情も明るい笑顔の印象になります。鏡の前で練習してみましょう。

meet / meat

（会う）　（肉）

発音記号 [mí:t]　Track065

ここで使うネイティブ口形

発音構成　m+E[í:]+t

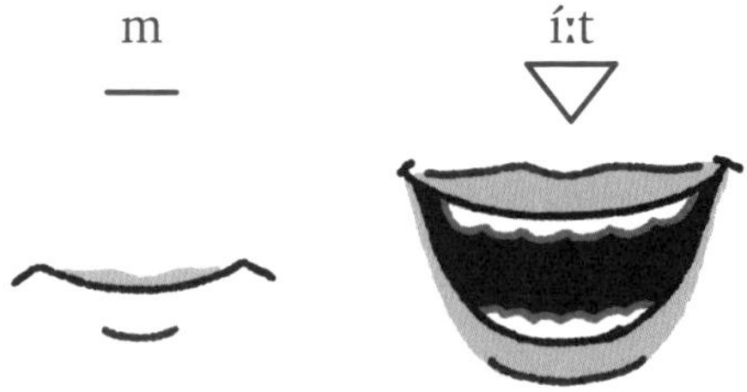

アルファベットEが含まれています。

口を閉じたまま鼻から「んー」と声を出してから、アルファベットEにつなげて発音しましょう。最後は [t] を息だけで発音します。Eを長めに強く発音することで、単語の輪郭がハッキリします。

meet/meatの中には、英単語「eat」が入っています。「eat」の前に [m] がつきます。

●eatが含まれる英単語リスト

・beat [bí:t] —▽

・seat [sí:t] ▦▽

・feet [fí:t] ▦▽

・heat [hí:t] ①▽

同じ発音の英単語リスト

week / weak

(週)　(弱い)

発音記号 [wíːk]　Track066

ここで使うネイティブ口形

発音構成 w+E[íː]+k

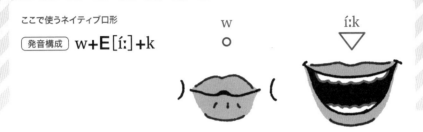

アルファベットEの発音が含まれています。

[w] は、唇は口笛を吹く形で、つまようじ１本分の隙間ができます。その口形をキープしたまま、口笛を吹くのではなく、**風船を膨らませるときのように「う゛ー」と声を出してみましょう**。両頬がフグのように膨らんでいればOKです。

口笛のように口を突き出したまま「う゛ー」と声を出してから、勢いよく口角を上げてEをハッキリと発音します。そして最後に「クッ」と息だけで発音しましょう。

同じ発音の英単語リスト

No / know

（いいえ）　（知る）

発音記号 [nóu]　Track067

ここで使うネイティブ口形

発音構成　n+O[óu]

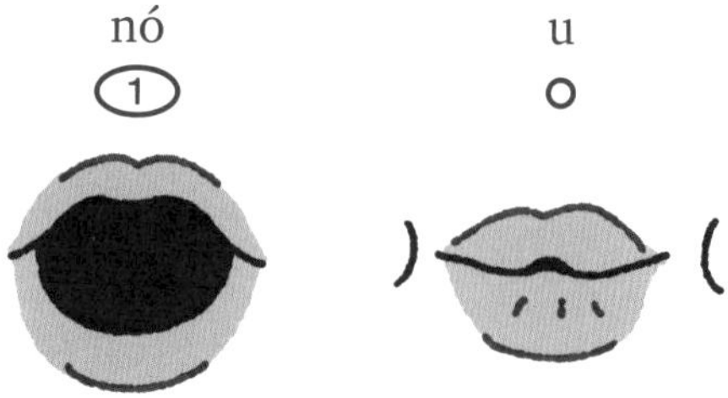

アルファベットOが含まれています。

[n]は指1本分口を開けて、舌先を上の前歯裏につけて鼻から音を出してから、Oを発音します。

指1本分のリラックスした口形から、口を突き出しながら◦の口形に変化させていきます。ひと息でつなげながら口形の変化と発音の変化を感じていきましょう。

唇を突き出しながら変化する口形は、発音を凝縮してまとめていくように聞こえる発音の大切な動きです。繰り返し練習しましょう。

この[óu]が含まれる英単語としては、go[góu]、low[lóu]、so[sóu]などがあります。

同じ発音の英単語リスト

one / won

（1）　（勝った）

発音記号 [wʌ́n]　Track068

ここで使うネイティブ口形

発音構成 w+ʌ́n

w　ʌ́n

o　①

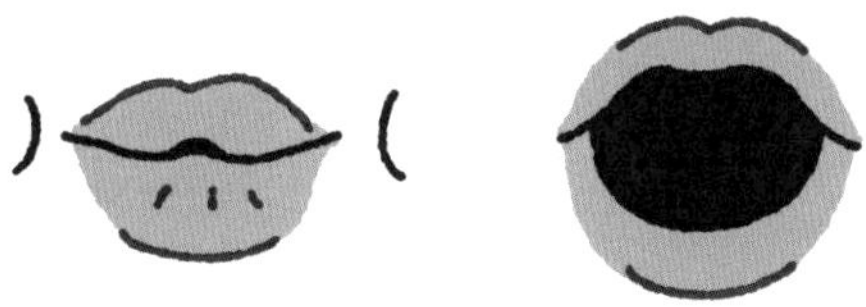

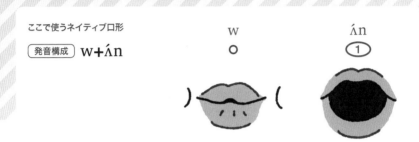

口笛のように口を突き出したまま「う゛ー」と声を出してから、指１本分を開けて、少し強めに咳払いをする感じで「アッ」と発音します。

そして、舌先を上前歯の裏につけ、「んー」と発音します。鼻をさわって、振動を感じたらOKです。

練習するときは**[w]を２秒間伸ばしてから[ʌ́n]につなげると発音が安定**します。

sun / son

（太陽）（息子）

発音記号 [sʌ́n] Track069

ここで使うネイティブ口形

発音構成 s+ʌ́n

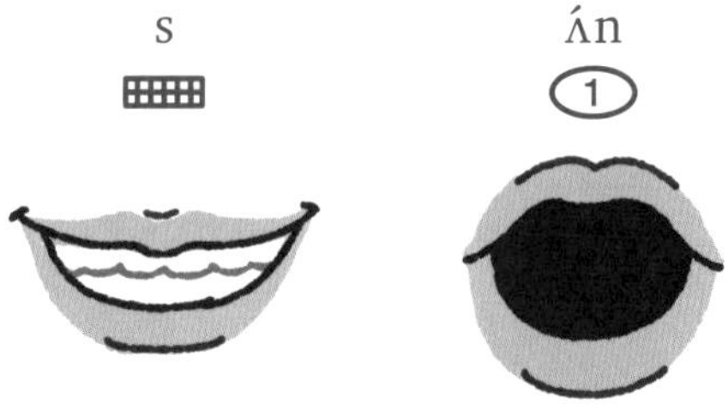

one、wonの最初の発音の[w]が[s]に変わるだけです。

上下の歯をくっつけて「スー」と息だけを流してから、指１本分を開けて、少し強めに咳払いをする感じで「アッ」と発音します。

そのまま舌先を上の前歯の裏につけて、鼻から「んー」と発音しましょう。鼻をさわって、振動を感じたらOKです。

練習するときは、「スー」と息を２秒間伸ばしてから[ʌ́n]につなげると発音が安定します。

同じ発音の英単語リスト

deer / dear

（鹿）　（親愛な）

発音記号 [díər]　Track070

ここで使うネイティブ口形

発音構成　dí+ər

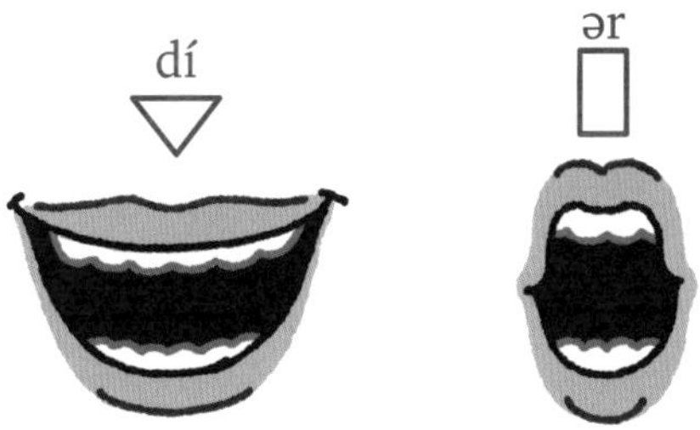

[dí] はアルファベットD [díː] と口形は同じですが、少し短く発音します。

[ər] の口形は、人差し指を軽く噛んで指１本分の上下の歯の間隔を取ったまま、ドナルドダックのように口を突き出します。

舌先は持ち上げずに、舌全体を後ろにスライドしたままキープして声を出しましょう。

[dí] を強く発音してから、[ər] の発音へとひと息でつなげましょう。

同じ発音の英単語リスト

here / hear

（ここに）　（聞こえる）

発音記号 [híər]　Track071

ここで使うネイティブ口形

発音構成 hí+ər

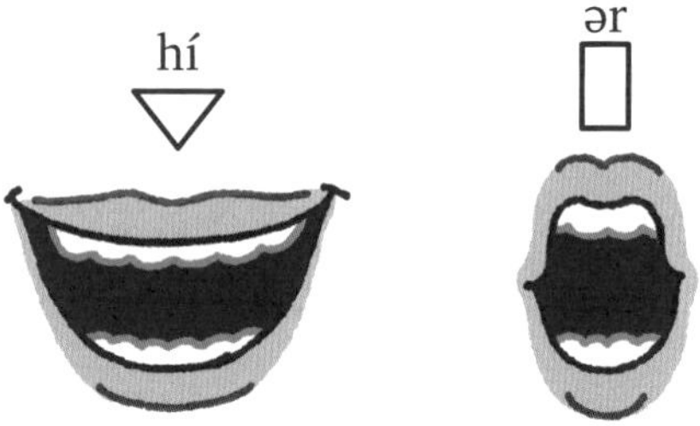

deer、dearの最初の発音[d]が[h]に変わるだけです。[h]は息を強めに出しましょう。

実はdeer、dear、here、hearの中にはもう1個の英単語の発音が含まれています。答えは「ear」です。「ear」の前に、[d]もしくは[h]の発音がつくだけです。

deer、dearは、「ear」の前に[d]を発音します。here 、hearは、「ear」の前に[h]を発音します。

同じ発音の英単語リスト

too / two

（〜もまた）　（2）

発音記号 [tú:] Track072

ここで使うネイティブ口形

発音構成 t+ú:

tú:

①

[t] は指１本分、口を開けて、舌先を上前歯の裏につけて息をためてから舌を上から下にけり落とすようにします。無声子音なので、口の前に置いた手に息が当たる感覚があればOKです。**「トウッ」と息だけで発音**する感じです。

[u] はそのまま、**唇を前に突き出して「うー」と発音**します。指１本分、口を開けたまま、[t]→[ú:] と唇を突き出しながら発音しましょう。

指１本を開けたまま、唇を突き出していく動きは、小さい動きながらも大切な発音変化になります。

同じ発音の英単語リスト

blue / blew

（青い）　　（吹いた）

発音記号 [blúː]　Track073

ここで使うネイティブ口形

発音構成 b+lúː

b

—

lúː

①

blue、blewの最後の発音[uː]は、too、twoの最後の発音[uː]と一緒です。それぞれ見ていきましょう。

[b]は口を閉じて息をため込んでから、唇を破裂させるようにして「ブッ」と発音します。

[lúː]は舌先を上前歯の裏につけ、唇を前に突き出して「うー」と発音します。

[b]で破裂を強調してから、ひと息でつなげて発音しましょう。

間違えやすい発音を完ぺきにマスターしよう!

発音が似ていて間違えやすい英単語を、完ぺきに発音できるようにしましょう。

●発音が似ていて間違えやすい単語リスト

・beat、bit
・see、she
・bowl、ball
・late、rate
・light、right
・lice、rice
・cat、cut
・hat、hot
・this、these
・win、wing

やはりポイントは口形です。口形の違いを把握することで、発音を劇的に変えることができます。次ページより練習していきましょう。

間違えやすい英単語リスト

beat

（打つ）

発音記号 [bíːt] **Track074**

ここで使うネイティブ口形

発音構成 B [bíː] +t

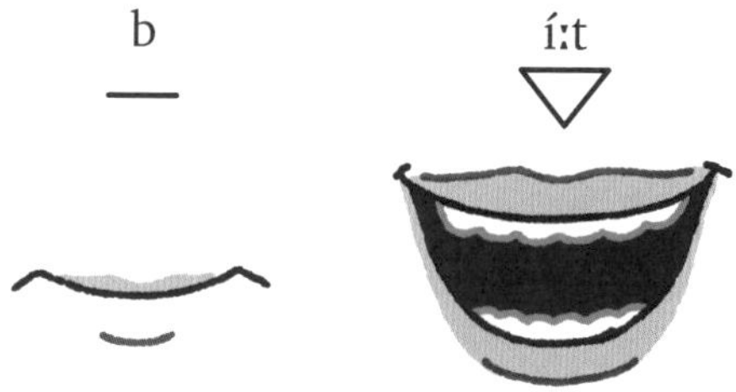

アルファベットBが含まれています。**Bを強く長めに発音してから、[t]を息だけで発音**します。

さて、ここで質問です。beatの発音の中には、もう1つ別の英単語が入っています。もう何かおわかりですね。beatの中には、「eat」の発音が入っています。

beatは「eat」の前に[b]がつくだけなのです。

間違えやすい英単語リスト

bit

（わずか）

発音記号 [bít] Track075

ここで使うネイティブ口形

発音構成 b+ít

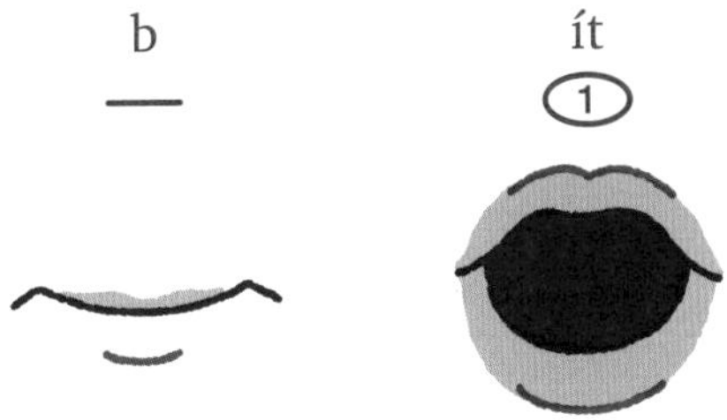

beat と bitの発音の違いは、長母音［iː］と短母音［i］の違いです。母音を長く伸ばして発音するのが長母音、母音を短く一瞬で発音するのが短母音です。beat［bíːt］は長母音、bit［bít］は短母音です。

短母音［i］は「ショートアイ」や「あいまい母音」と呼ばれています。日本語の「お」と「い」の間のような発音です。**口の形は「お」で、低めの声で「い」を言う感じ**です。

指１本分口を開けて「イッ」と軽く咳払いするように深めに発音しましょう。

bitの発音の中には英単語「it」が入っています。bitは「it」の前に［b］がついた発音です。

see

（見る）

発音記号 [síː] Track076

ここで使うネイティブ口形

発音構成 C [s+íː]

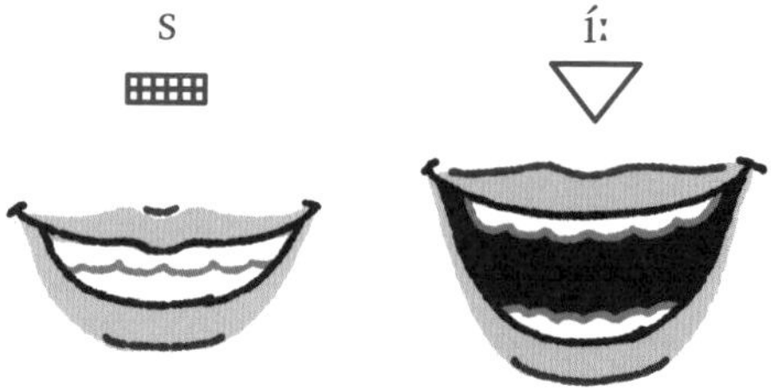

アルファベットCと同じ発音です。先ほども出てきましたね。seeとseaは同音異義語でスペルも意味も違いますが、同じ発音です。

上下の歯を閉じて「スー」と息だけを流してから、勢いをつけてアルファベットEを強く発音します。口角をしっかり上げたまま、指２本分、口を縦に開けましょう。

she

（彼女は）

発音記号 [ʃi] Track077

ここで使うネイティブ口形

発音構成 ʃ+i

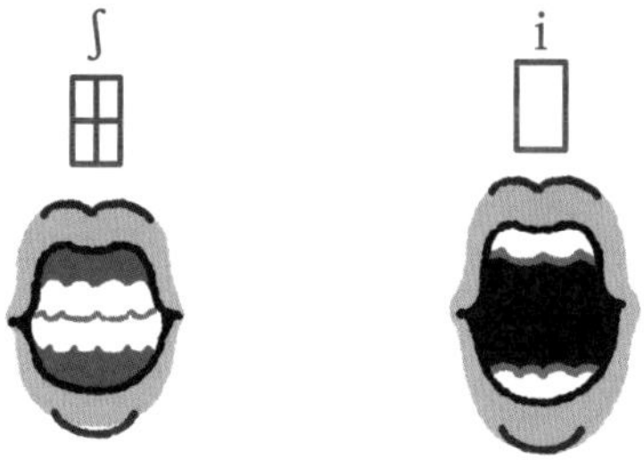

[ʃ] は上下の歯を閉じたまま唇を前に突き出して、ドナルドダックのような口形にします。その口形をキープしたまま、「シー」と声を出さずに息だけを伸ばしましょう。子供がうるさいときに、母親が人差し指を口の前に立てて「シー」と息だけで言う感じです。

上下の歯をつけて、人差し指を口の前に立てて、**口を突き出して「シー」と息だけで発音してから、下あごを下げて、[i] を発音**します。口形をキープしたまま、勢いよくひと息でつなげましょう。日本語にはない発音です。唇を突き出しているので、若干こもった感じの声になります。

bowl

（容器）

発音記号 [bóul] Track078

ここで使うネイティブ口形

発音構成 b+O[óu]+l

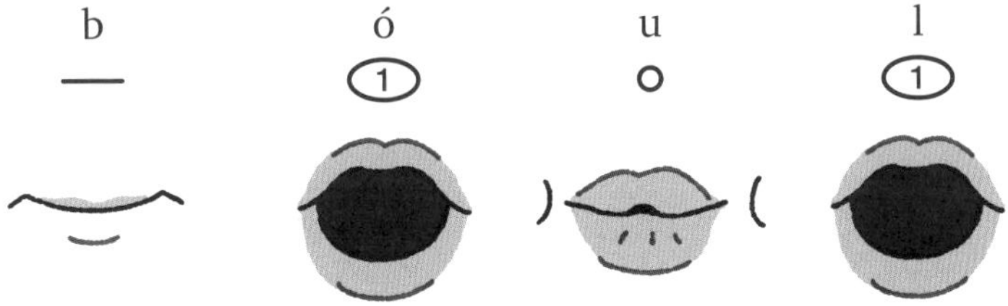

アルファベットOが含まれています。

[b]は口を閉じて息をため込んでから、唇を破裂させるようにして「ブッ」と発音し、続けてアルファベットOを発音します。

最後は[l]の発音です。[l]は、日本語の「ル」のような音ではありません。指１本分、口を開けた状態で舌先を上前歯の裏につけて発音します。口形は４つありますが、ひと息で丁寧につなげる練習をしましょう。

間違えやすい英単語リスト

ball

（球）

発音記号 [bɔ́ːl]　Track079

ここで使うネイティブ口形

発音構成 b+ɔ́ːl+l

b　ɔ́ːl

—　①

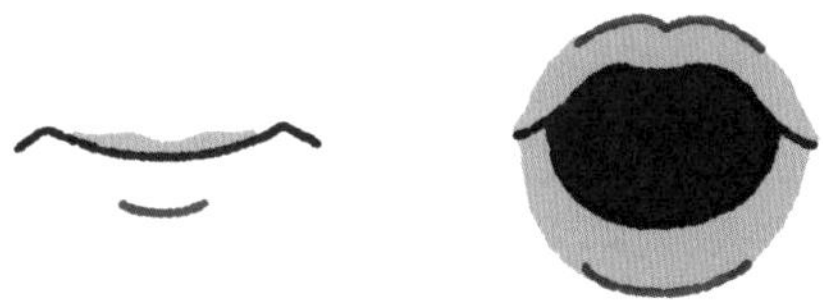

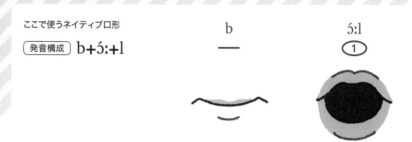

ballには、アルファベットOの発音が入りません。

［b］は口を閉じて息をため込んでから、唇を破裂させて「ブッ」と発音します。**［ɔː］は 指１本分、口を開け、軽く突き出したまま「おー」と低めの声で発音**します。最後は口をゆるめて、舌先を上前歯の裏につけます。

ポイントは［b］です。唇の破裂を強調して、ひと息でつなげましょう。

さて、ballの発音の中にはもう１つの英単語が入っています。何の単語が入っているかお気づきですか。答えは「all」です。ballは「all」の前に［b］がつくだけなのです。

late

（遅い）

発音記号 [léit] Track080

ここで使うネイティブ口形

発音構成 l+A[éi]+t

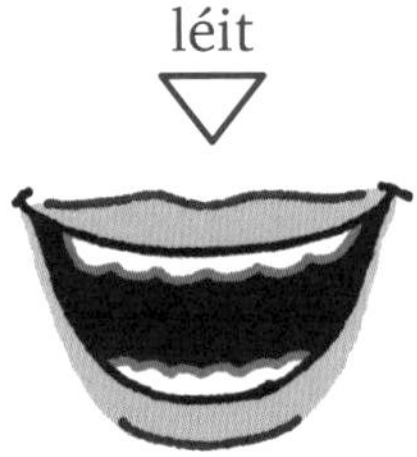

lateには、アルファベットAとある英単語の発音が含まれています。何かおわかりですか。

答えは「eight」と「ate」です。

先に「eight」「ate」を練習してみましょう。アルファベットAを強く発音して、最後に[t]を発音します。できましたね。

lateは、「eight」「ate」の前に[l]をつけるだけです。**舌先を上前歯の裏につけてから「eight」「ate」を発音**しましょう。

rate

（割合）

発音記号 [réit] Track081

ここで使うネイティブ口形

発音構成 r+A[éi]+t

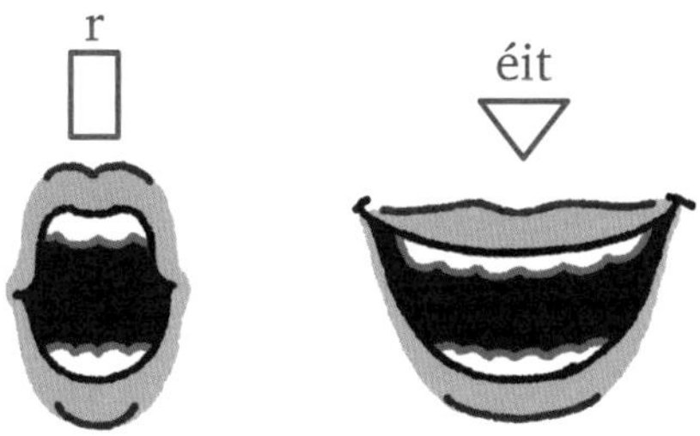

rateは、lateの最初の音を[l]から[r]に変えるだけです。

[r]の口形は、人差し指を軽く噛んで指１本の間隔を取ったまま、ドナルドダックのように口を前に突き出します。

そして舌先は持ち上げずに、舌全体を後ろにスライドしたままキープして声を出してから、ひと息で「eight」「ate」を発音しましょう。

light

（光）

発音記号 [láit] Track082

ここで使うネイティブ口形

発音構成 l+l[ái]+t

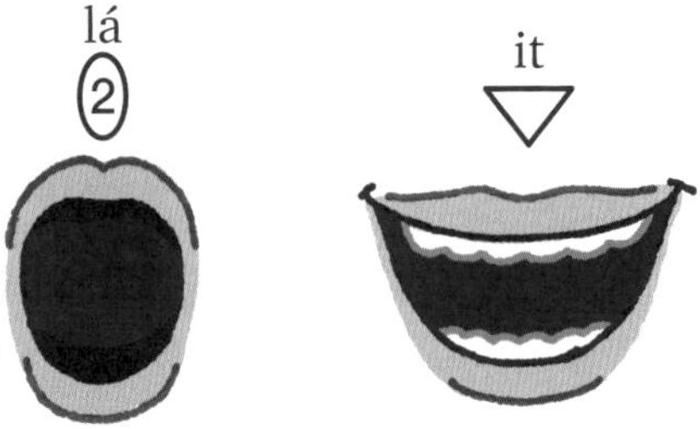

lightには、アルファベットlが含まれています。

舌先を上前歯の裏につけてから、アルファベットlを強く発音して、続けて[t]を発音します。

さて、lightの発音の中に、もう１つの英単語が含まれています。それは「lie」です。lightは「lie」の後に[t]がつくだけです。

●lie [lái] が含まれる英単語リスト

- life [láif] ②
- like [láik] ②①
- line [láin] ②①
- lice [láis] ②

right
（右）

発音記号 [ráit] Track083

ここで使うネイティブ口形

発音構成 r+I[ái]+t

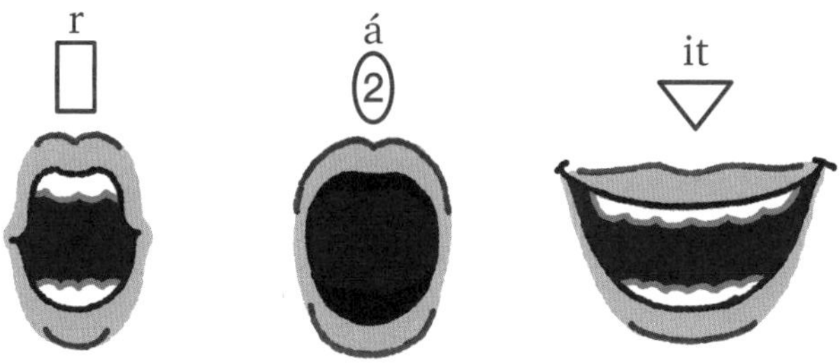

rightは、lightの最初の音を[l]から[r]に変えるだけです。

[r]の口形は、人差し指を軽く噛んで指1本の間隔を取ったまま、ドナルドダックのように口を突き出します。舌先は持ち上げずに、舌全体を後ろにスライドさせたまま、声を出しましょう。[r]は、少しこもった声になります。

そのままアルファベットIへとつなげて、最後に[t]を発音しましょう。舌の動きが大きく変化しますが、急がず、ひと息で丁寧につなげて発音しましょう。

間違えやすい英単語リスト

lice / rice
（シラミ）　（米）

liceとriceには、アルファベットI［ái］が含まれています。アルファベットIを口形②だけで発音できるように練習してみましょう。あと、この２単語には共通する英単語「ice（氷）」が含まれています。**liceは「ice」の前に［l］の音がつき、riceは「ice」の前に［r］の音がつくだけ**です。

では、最初に「ice」の発音練習をしましょう。

ice

発音記号 ［áis］ Track084

ここで使うネイティブ口形

発音構成 I［ái］+s

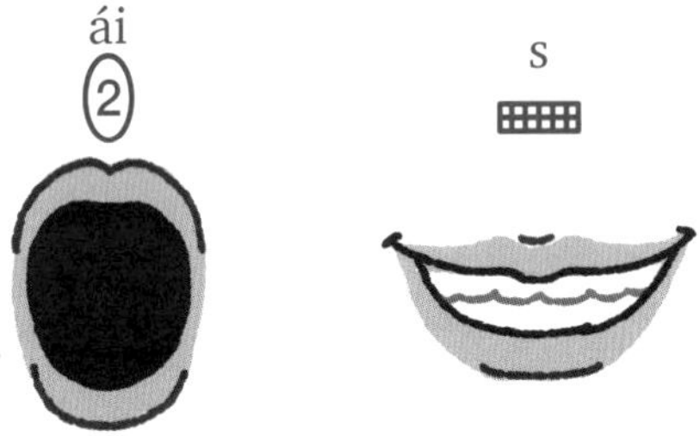

［ái］は口を指２本分縦に開けてアルファベットIを発音します。

［s］上下の歯をつけて、息だけで「スー」と発音します。

lice

発音記号 [láis] Track085

ここで使うネイティブ口形

発音構成 l+l [ái] +s

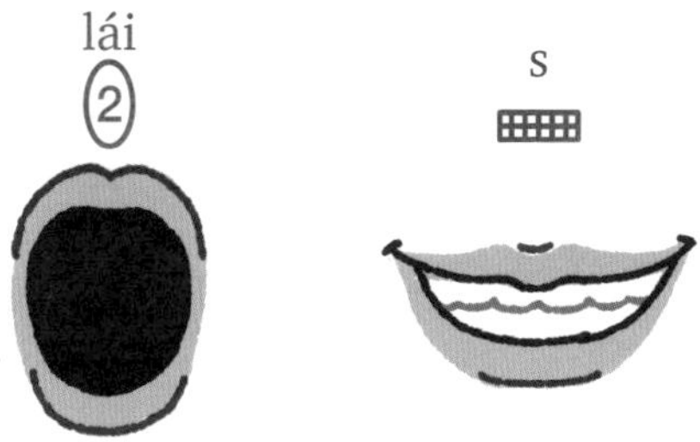

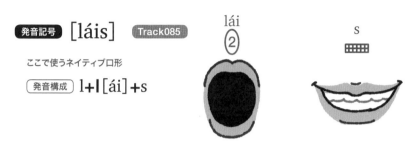

舌先を上前歯の裏につけてから「ice」を発音しましょう。

rice

発音記号 [ráis] Track086

ここで使うネイティブ口形

発音構成 r+l [ái] +s

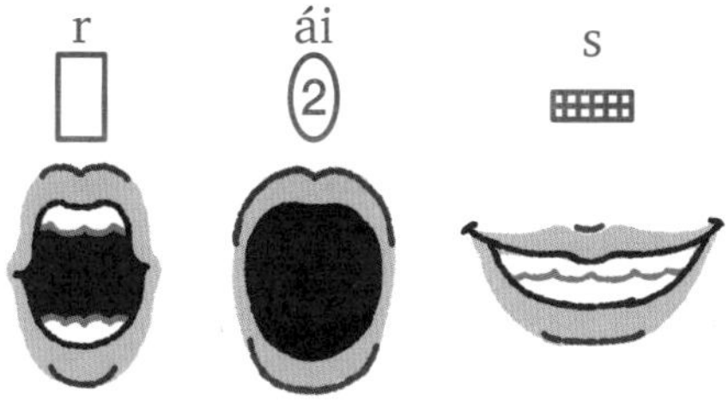

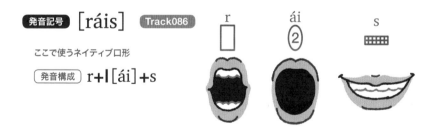

riceは、「ice」の前に [r] の音がつくだけです。[r] は舌先を上げずに、舌全体を後ろに引くので、「う゛ー」という少しこもった音になります。

間違えやすい英単語リスト

cat

（猫）

発音記号 [kǽt] Track087

ここで使うネイティブ口形

発音構成 k+ǽ+t

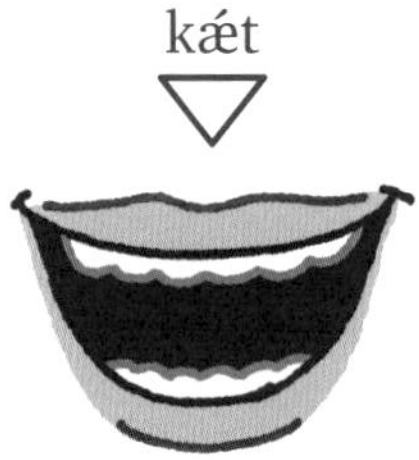

catは、１つの口形だけで発音することができます。

[k] は、舌先を下の前歯の裏につけたまま「クッ」と息だけで発音します。口の前に手を置いて、手に息が当たる感覚があればOKです。

[æ] は、「エ」と同じ口形と舌をキープして、鼻にかかるように「アッ」と高めに発音します。口角を上げて鼻にかかる高めの声で発音してみましょう。

続けて [kæ] と発音してみましょう。「キアッ」のような音になります。

最後に [t] を発音します。catの発音の中には、アクセント強調時の「at」と同じ発音が含まれています。

間違えやすい英単語リスト

cut

（切る）

発音記号 [kʌ́t] Track088

ここで使うネイティブ口形

発音構成 k+ʌ́+t

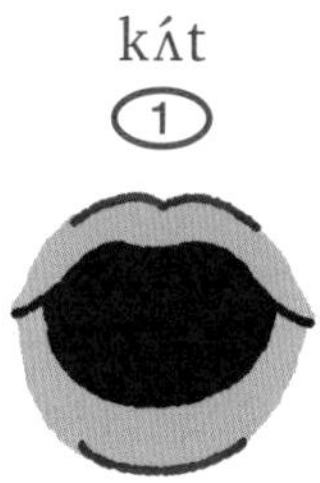

cutは１つの口形で発音することができます。

[k]は、舌先を下の前歯の裏につけたまま「クッ」と息だけで発音します。

[ʌ]は、少し強めに咳払いをする感じで「アッ」と発音します。

最後に[t]を発音します。

息を多く使う英単語です。ひと息で切れ良く発音しましょう。

hat

（帽子）

発音記号 [hǽt] Track089

ここで使うネイティブ口形

発音構成 h+ǽ+t

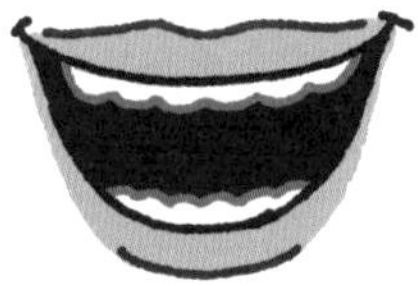

hat [hǽt] は、cat [kǽt] の最初の音を [k] から [h] に変えるだけです。

[h] は口の前に置いた手に息が当たる感覚があればOKです。口形①だけでなく、○、②、▽、□でも発音できます。

[æ] は「エ」と同じ口形と舌をキープして、鼻にかかるように「アッ」と高めに発音します。口角を上げて鼻にかかる高めの声で発音してみましょう。口形をキープして [t] を発音します。

ポイントは [æ] です。勢いよく発音してつなげると、単語のアクセントが引き立ちます。

hot

（熱い）

発音記号 [hát]　Track090

ここで使うネイティブ口形

発音構成　h+á+t

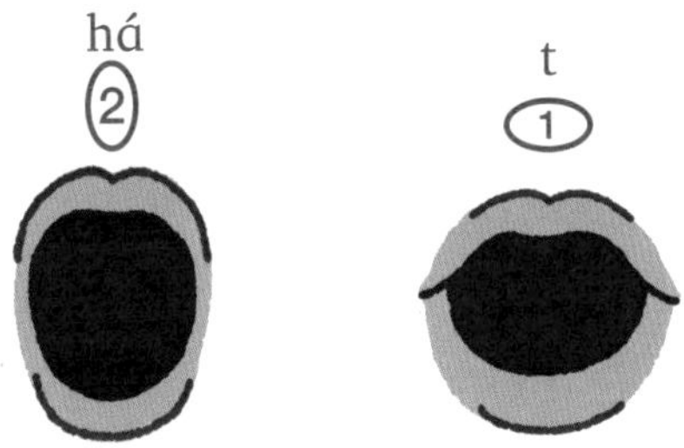

[h] の口形は後に続く [á] の口形②を代用します。指２本分口を開け、口の前に手を置きます。手に息が当たる感覚があればOKです。

[ɑ] はそのまま口を縦にしっかりと開けたままの状態で、あくびをする感じで深めに「あ」と発音します。

最後は、口形をゆるめて、[t] を発音します。

ポイントは [ɑ] です。深めに発音してから、ひと息でつなげましょう。

this

（これ）

発音記号 [ðís] Track091

ここで使うネイティブ口形

発音構成 ð+í+s

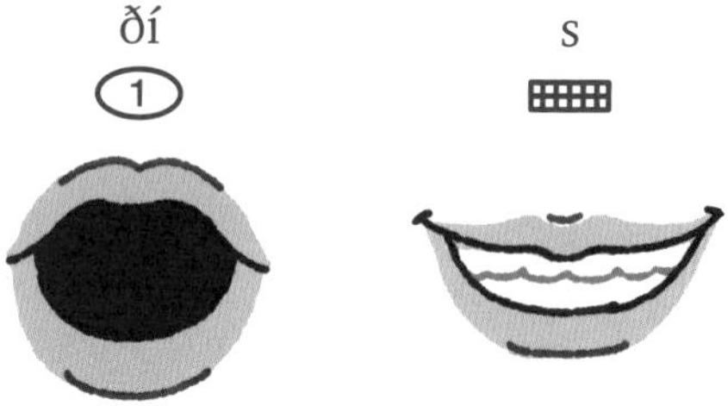

[ð] は舌先を軽く噛んだまま「ズー」と声を出します。携帯のバイブ音のような音です。舌と歯にバイブレーションを感じていればOKです。

[i] は指１本分口を開けて「イッ」と軽く咳払いするように深めに発音しましょう。最後に [s] を発音します。

ポイントは [ð] です。日本語にはない発音です。**舌と歯にバイブレーションがあるかどうかを確認しながら、ひと息で発音**しましょう。

間違えやすい英単語リスト

these

（これらの）

発音記号 [ðíːz] Track092

ここで使うネイティブ口形

発音構成 ð+E[íː]+z

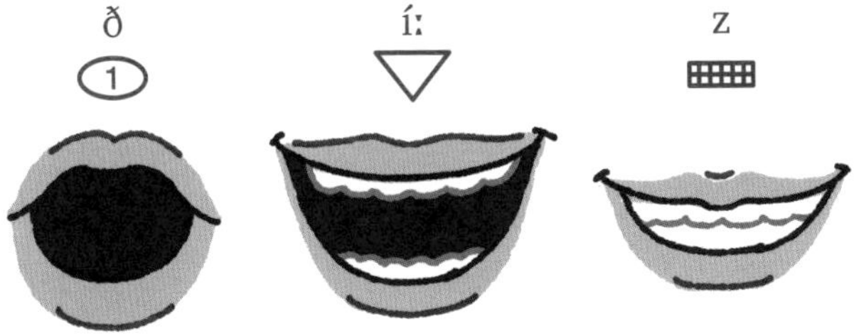

アルファベットEが含まれています。

[ð] は舌先を軽く噛んだまま「ズー」と声を出します。携帯のバイブ音のような音です。舌と歯にバイブレーションを感じられればOKです。

そしてアルファベットEを発音し、[z] は歯の上下を閉じて「ズー」と発音します。歯のバイブレーションを感じたらOKです。

[ð] は舌と歯のバイブ音、[z] は歯のバイブ音です。バイブ音が入る２音を強調しましょう。ともに日本語にはない発音ですので、バイブ音を長めに伸ばして練習してみてください。

間違えやすい英単語リスト

win

（勝つ）

発音記号 [wín] Track093

ここで使うネイティブ口形

発音構成 w+ín

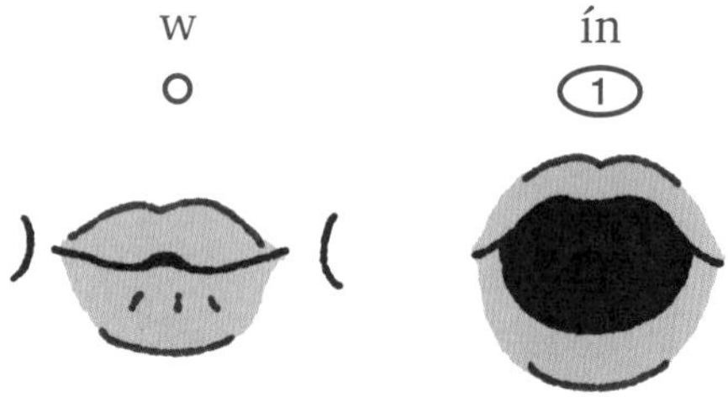

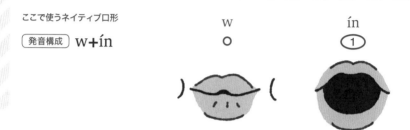

［w］は、口笛を吹くような口形で、つまようじ１本分の隙間ができます。口を突き出したまま、風船を膨らませるときのように「う゛ー」と声を出してみましょう。

［i］は指１本分口を開けて、舌先は下前歯の裏につけたまま、「イッ」と軽く咳払いをするように、のどの奥から声を出す感じで発音しましょう。

最後の［n］は、口形をキープしたまま、舌先を上前歯の裏につけて、鼻から発音しましょう。

練習するときは、**［w］を「う゛ー」と２秒間伸ばしてから［ín］を発音**しましょう。発音が安定します。

間違えやすい英単語リスト

wing

（翼）

発音記号 [wíŋ] Track094

ここで使うネイティブ口形

発音構成 w+íŋ

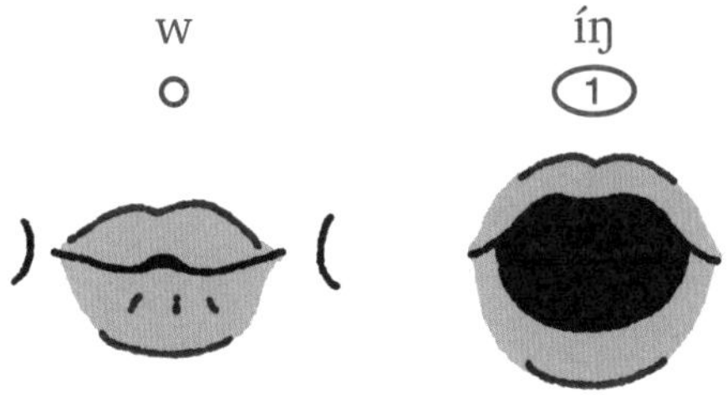

wingはwinと同じ口形ですが、最後の発音が違います。

[w] は、口笛を吹くような口形で、「ゔー」と声を出してみましょう。両頬が、フグのように膨らんでいればOKです。

[i] は指１本分口を開けて、舌先は下前歯の裏につけたまま、「イッ」と軽く咳払いするように深めで発音しましょう。

[ŋ] は舌先を下前歯の裏につけたまま「んッ」と発音して、息を止めます。舌の奥が上あごにつき、しゃっくりのような感じの発音になります。そして、聞こえないくらい小さな声で（グッ）と発音します。練習では、**[w]を「ゔー」と２秒間伸ばしてから[íŋ]（インッ（グ））と発音**しましょう。winは舌先を上前歯の裏につけますが、wingは舌先を下前歯の裏にずっとつけたまま発音します。

同じ音が含まれる英単語をマスターしよう！

英単語の中には、他の英単語の音が含まれていることがあります。

同じ音を含む英単語を集めて学習することで、口形と発音が劇的に安定していきます。どこに同じ音が含まれているのかを確認し、口形に注意ながら練習しましょう。

下記の単語と同じ音が含まれている英単語を考えてみましょう。

・see
・eel
・ear
・air
・eight
・all
・or

同じ音が含まれる英単語

see（見る）

発音記号 [síː] Track095

ここで使うネイティブ口形

発音構成 C [s+íː]

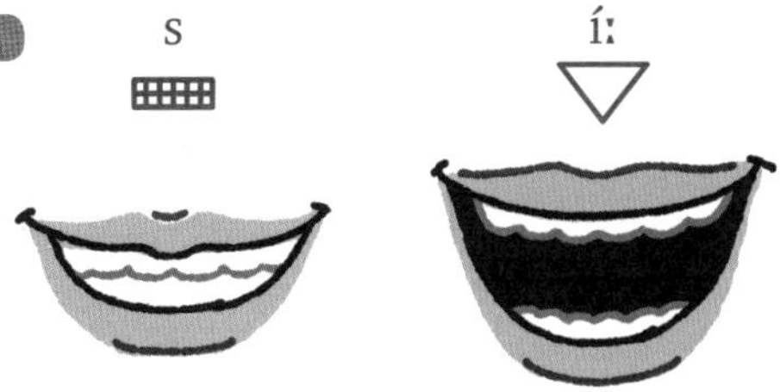

アルファベットCと同じ発音です。

seem（〜のように見える）

seed（種）

seen（見た）

seek（捜す）

seat（座席）

seal（アザラシ）

eel (鰻(うなぎ))

発音記号 [í:l] Track096

ここで使うネイティブ口形

発音構成 E[í:]+l

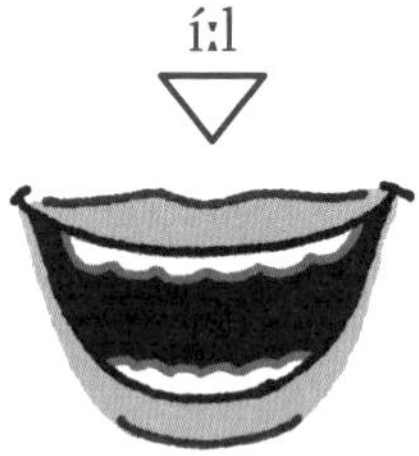

アルファベットEを強く発音した後に、[l]をつけます。

feel (感じる)

reel (糸巻き)

wheel (車輪)

deal (分配する)

meal (食事)

seal (アザラシ)

zeal (熱意)

同じ音が含まれる英単語

ear （耳）

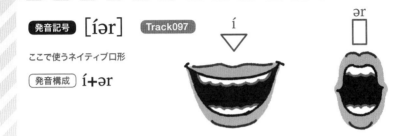

発音記号 [íər] Track097

ここで使うネイティブ口形

発音構成 í+ər

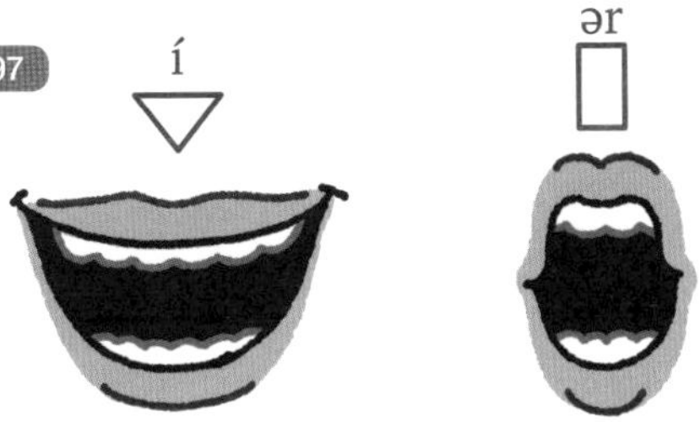

口角をしっかり上げて「イッ」と軽く咳払いするように発音し、ドナルドダックのように唇を前に突き出します。舌全体は後ろにスライドします。

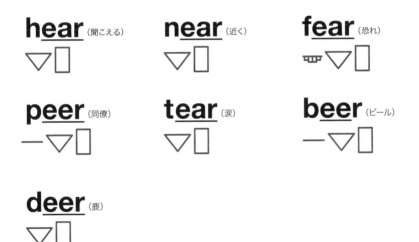

hear（聞こえる）
▽▯

near（近く）
▽▯

fear（恐れ）
▽▯

peer（同僚）
—▽▯

tear（涙）
▽▯

beer（ビール）
—▽▯

deer（鹿）
▽▯

同じ音が含まれる英単語

air （空気）

発音記号 [éər]　Track098

ここで使うネイティブ口形

発音構成 é+ər

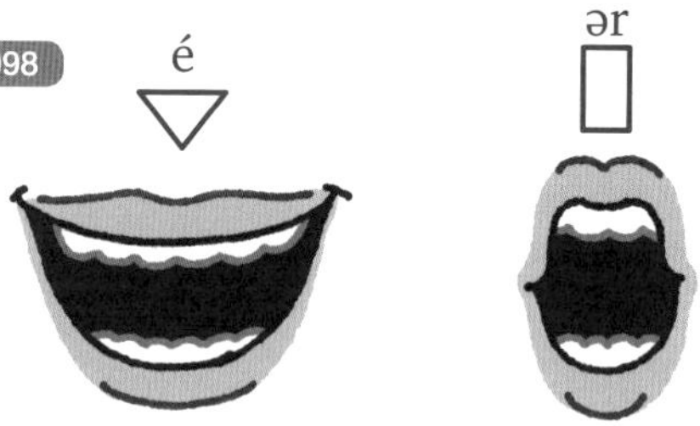

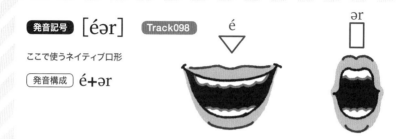

[é] は口角をしっかり上げて「エ」と軽く発音し、[ər] はドナルドダックのように唇を前に突き出します。舌全体を後ろにスライドして発音します。

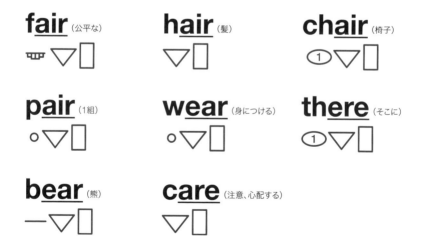

fair（公平な）

hair（髪）

chair（椅子）

pair（1組）

wear（身につける）

there（そこに）

bear（熊）

care（注意、心配する）

同じ音が含まれる英単語

eight (8)

発音記号 [éit] Track099

ここで使うネイティブ口形

発音構成 A[éi]+t

éit
▽

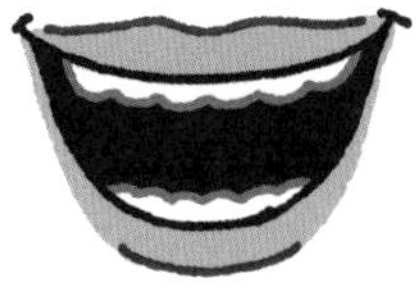

アルファベットAを強く発音した後に、[t]をつけます。

l<u>ate</u> (遅い)
▽

r<u>ate</u> (割合)
□▽

w<u>ait</u> (待つ)
○▽

<u>ate</u> (食べた)
▽

d<u>ate</u> (日付)
▽

g<u>ate</u> (門)
①▽

h<u>ate</u> (嫌う)
①▽

同じ音が含まれる英単語

all（全部の）

発音記号 [ɔ́ːl] Track100

ここで使うネイティブ口形

発音構成 ɔ́ː+l

ɔ́ːl

①

[ɔː]は唇を軽く突き出したまま「おー」と低めの声で長めに発音します。[l]は口を突き出さずゆるめた状態で、舌先を上前歯の裏につけます。

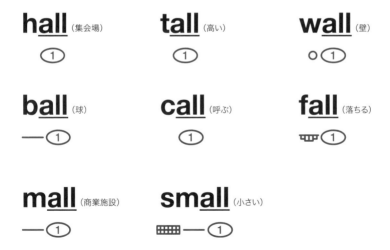

hall（集会場）
①

tall（高い）
①

wall（壁）
○①

ball（球）
―①

call（呼ぶ）
①

fall（落ちる）
①

mall（商業施設）
―①

small（小さい）
―①

同じ音が含まれる英単語

or（または）

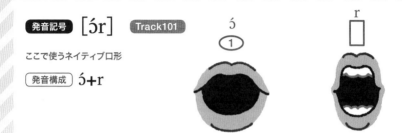

発音記号 [ɔ́r] Track101

ここで使うネイティブ口形

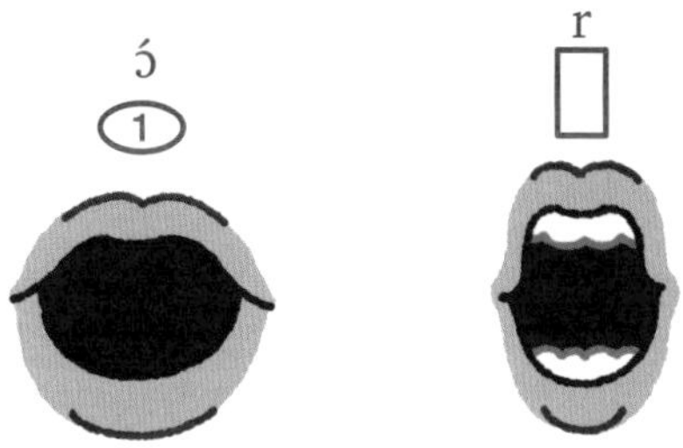

発音構成 ɔ́+r

[ɔ] は唇を軽く突き出したまま「お」と低めの声で発音します。そして [r] はドナルドダックのように唇を前に突き出し、舌全体を後ろにスライドして声を出しましょう。[ɔ] と [r] は唇を突き出したままで口形をつなげて発音しましょう。

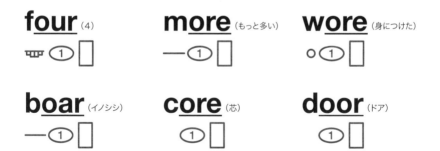

four（4）　**more**（もっと多い）　**wore**（身につけた）

boar（イノシシ）　**core**（芯）　**door**（ドア）

CHAPTER 5

ネイティブ発音に効く 4つのスキルをマスター！

ネイティブ発音に近づくためには、

2つのポイントがあります。

1つは口形と舌の位置の動きを大きくして

発音の輪郭をはっきりさせること。

ここまで読み進めてきたあなたなら、きっと大丈夫です。

そしてもう1つは英語発音特有の変化をマスターすること。

・フラッピング

・消える音

・つながる音

・変わる音

ネイティブ発音に欠かせない4つのスキルを紹介します。

ネイティブが使う流ちょうなカッコイイ発音をマスターするには？

英文や英会話は、英単語が連なってひとつの文章として成り立っています。

単語の連なりの中で、消える音（Reduction）、つながる音（Linking）、変わる音（Assimilation）、そしてアメリカ英語で頻繁に使われるフラッピング（Flapping）などの現象が起こります。

どうしたら、その発音ができるのか悩まれている方も多いですが、新しい発音を覚える必要はまったくありません。今まで練習してきたネイティブ発音の口形と舌の動きを把握していれば、なぜそういう音になるのかを理論的に理解した上で、発音することができます。

英語発音特有の変化をマスターすると、ネイティブが使うような流暢なカッコイイ発音ができるようになります。発音で悩むことなくスムーズに自分の言葉で思いを伝えることができるようになり、海外の方との交流の幅も広がっていきます。

フラッピング（Flapping）をマスター！

フラッピングとは、[t] の発音が [l] や [d] の発音に変化することです。イギリス英語は [t] の破裂音をハッキリと発音する傾向にあるので、ほぼフラッピングは起こりません。しかしアメリカ英語では日常会話で頻繁に使われます。

では、なぜ [t] の発音が [l] や [d] の発音に近づくのかを考えてみましょう。

［t］［d］［l］は、舌先を上の前歯の裏につけて発音する子音です。舌が接触する位置が近くにあるため、お互いの発音に近づきやすいのです。［l］は舌の接触面積が一番狭く、［d］は舌の接触面積が広くなります。

舌の接触面積

狭い　l　＜　t　＜　d　**広い**

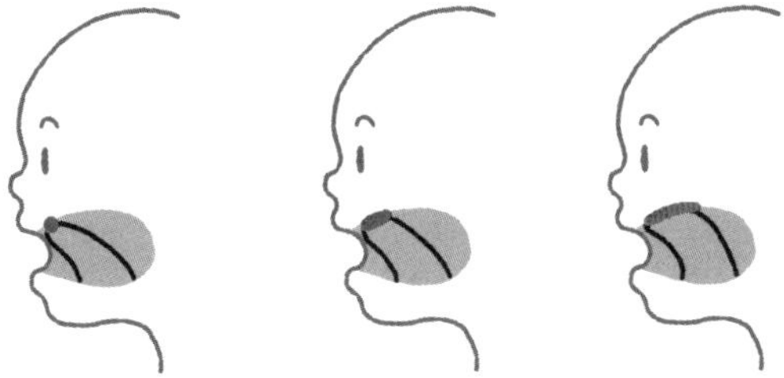

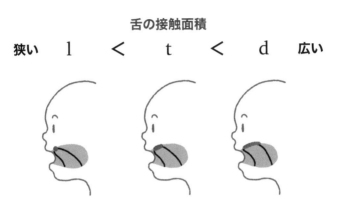

［t］よりも軽めに舌をつけて発音すると［l］になり、［t］よりもしっかりと舌をつけて音をつけて発音すると［d］になります。

例えば、water［wɑ́tər］（ウァーター）は、<u>waler</u>や<u>wader</u>になりやすく(←このスペルは存在しません) ウァーラー や ウァーダーのように発音します。

［t］［l］［d］は舌の位置が近いため、どの発音にも寄せやすくなり、このような発音変化､「フラッピング」現象が起こるのです。特に[t]の発音が[l]に近づくことが多いです。音声を聞いて、確かめてください。

このCHAPTER５の音声は「通常の発音を１回してから、フラッピング等の特殊な発音を２回する」形になっています。音の変化を意識したうえで、発音練習をしてください。

発音練習してみましょう
Track102

- later
- letter
- better
- party
- dirty
- pretty
- little
- battle
- computer
- shut up

消える音（Reduction）をマスター！

消える音（Reduction）は、単語の最後の1音を発音しない、音が消えたような状態になることを言います。

2単語続けて発音する場合は、「1つ目の単語の語尾」と「2つ目の単語の語頭」が同じ発音であるときや、同じ口形、舌の動きのときなどにも起こる発音現象です。どうしてこのような現象が起きるのか考えてみましょう。

例えば、hot tea を発音してみます。

1語ずつ発音するときには、hot と tea で [t] を2回発音します。2語続けて発音するときには、hotの [t] は舌を上前歯の裏につけて息をため込んだまま、下に落とさずに、teaの [t] で落として発音します。

[t] の舌の動きを2回せず、ho(t)teaのように省略しているのです。ひとつ目の [t] は、舌を上につけたまま破裂せずに息をため込むのがポイントです。これが「消える音」という発音現象です。

口の前に置いた手に息が当たる発音（破裂音）[d] [g] [k] [p] [t] などは、破裂が小さいと聞こえづらくなることもあります。破裂させず、息を止めるような感じで発音しても、基本的には口形と舌の動きはほとんど変わりません。破裂させずに息をため込んだり、破裂が小さくなったりするときに起こる発音現象です。

発音練習してみましょう
Track103

- goo(d)
- re(d) dress
- goin(g)
- talkin(g)
- bi(g) garden
- bla(ck) coffee
- dee(p) pond
- sto(p) playing
- si(t) down
- wha(t) time

実は、みなさんが知っている有名な楽曲にも多用されています。爆発的にヒットしたディズニー映画『アナと雪の女王』の主題歌『Let It Go』には、2回、発音変化の現象が起きています。お気づきですか。

Let it go（レッリッゴー）

1回目のtは「フラッピング」で、tがlに変わり、2回目のtは「消える音」で、tで息をため込み、Leli(t)go（レリッゴー）と聞こえるのです。

英語発音を理論的に学んでいくと、自分でも発音解析ができるようになり、ネイティブ発音を手に入れることができるのです。

つながる音（Linking）をマスター！

つながる音（Linking）とは、単語と単語をひと息でつなげて、ひとつの単語のかたまりのように発音する手法ですが、これも新しい音を覚える必要はありません。単語の語尾と次の単語の語頭をつなげて発音することで生まれる現象です。

最初に1単語ずつ、口形と舌の動きをゆっくりと確認しましょう。

安定してきたら、2単語をひとつの単語のようにひと息でつなげて、発音練習をしましょう。きれいなネイティブの「リンキング」発音ができるようになります。赤字の箇所を切り離さずに、ゆっくりと口形と舌の動きの変化を確認しながら、声を止めずにひと息で発音することがポイントです。

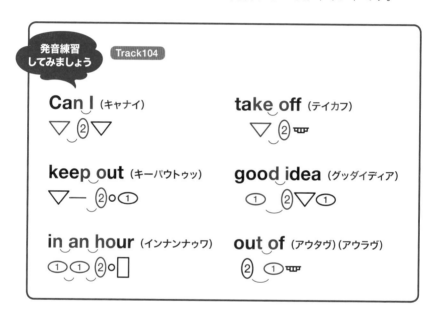

発音練習してみましょう Track104

Can I (キャナイ)

take off (テイカフ)

keep out (キーパウトゥッ)

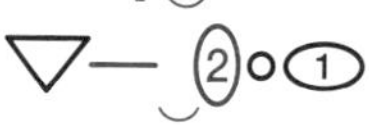

good idea (グッダイディア)

in an hour (インナンナゥワ)

out of (アウタヴ)(アウラヴ)

変わる音(Assimilation)をマスター!

変わる音(Assimilation)とは、2単語続いて発音するときに発音が合わさって、2つの音に近い音や、別の音に変化する現象です。ここでは、「変わる音」が特に起こりやすい3つの音を練習しておきましょう。

1つ目の単語の語尾の音[s][t][d]と、2つ目の単語の最初の音[j]

が重なって、別の音 [ʃ] [tʃ] [dʒ] などに近づく発音変化です。スローモーションで、ひと息でつなげて発音すると、なぜ発音が変化するのかわかります。つながる音 (Linking) と同じような発音現象です。

発音練習してみましょう

Track105

[s] + [j] → [ʃ]

[ʃ] は、子供がうるさいときなどに、母親が人差し指を口の前に立て、口を前に突き出して「シー」と息だけで言う感じです。

[t] + [j] → [tʃ]

[tʃ] は、アルファベット H [éitʃ] の最後の音です。

[d] + [j] → [dʒ]

[dʒ] は、アルファベット G [dʒíː] と J [dʒéi] の最初の音です。

発音練習してみましょう

Track106

- miss you (ミッシュー)　[s] + [j] → [ʃ]
- bless you (ブレッシュー)　[s] + [j] → [ʃ]
- meet you (ミーチュゥ)　[t] + [j] → [tʃ]
- let you (レッチュゥ)　[t] + [j] → [tʃ]
- get you (ゲッチュゥ)　[t] + [j] → [tʃ]
- got you (ガッチュゥ)　[t] + [j] → [tʃ]
- want you (ゥワンチュゥ)　[t] + [j] → [tʃ]
- need you (ニィヂュゥ)　[d] + [j] → [dʒ]
- did you (ディヂュゥ)　[d] + [j] → [dʒ]
- send you (センヂュゥ)　[d] + [j] → [dʒ]

単語ひとつずつを発音できるようにしてから、ひと息で2単語を続けて発音するようにしましょう。

CHAPTER 6

日常会話に効く
基本例文をマスター！

日常会話でよく使う基本例文を使ってトレーニングしましょう。

「あいさつ」「あいづち」「ショッピング」「レストラン」「質問」「お礼」

この6つのカテゴリーから厳選しました。

頻繁に使う会話フレーズの発音をマスターすれば、

自分の発音に自信がつき、

会話が途切れることなく続くようになります。

各単語の発音記号、必要な口形、フラッピング等の発音変化。

すべて記載しました。

ネイティブ音声を聞きながら繰り返し練習しましょう。

そうすれば、もっと自信を持って、

英語コミュニケーションを楽しめるようになります。

「あいさつ」「あいづち」「ショッピング」「レストラン」「質問」「お礼」という6つのカテゴリーから、よく使う基本例文をセレクトしました。

アルファベットの発音箇所から練習すると、前後の単語とのつながりも安定していきます。例文に含まれているアルファベットを見つけ出してみましょう。

１単語ずつ発音できるようになったら、滑らかにつなげて、ひと息で英文を読み上げるように練習していきましょう。

●発音記号と口形について

各例文の中で、アルファベットの発音箇所とその口形は赤字になっています。アルファベットを意識して、発音してください。黒字になっているのは、アルファベット以外の発音記号と口形です。

●発音記号の解説

( )「消える音」大きく破裂させずに息をため込んだ発音

‿「変わる音」違う発音に変化しやすい発音

－「フラッピング」[l] に近い発音になる

‿「つながる音」つなげて発音

あいさつ編　Track107

Hello. (こんにちは)

hL　O

最初にLとOをつなげて「エローぅ」、安定したら[h]をつけて「ヘローぅ」のような発音になります。[h]は▽で発音してみましょう。

Nice to meet you. (はじめまして)

nIs　tuː　mEt U ※meet you（ミーチュゥ）

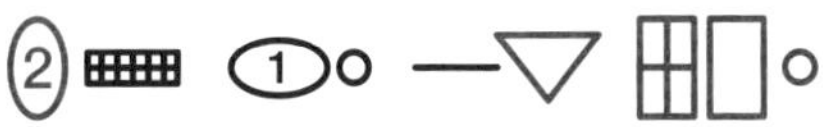

meetとyouを１単語ずつ発音してから、ひと息でつなげる練習をしましょう。ミーチュゥのような発音変化が起きます。

Long time no see. (久しぶりね)

lɔ́ŋ　tIm　nO　C

アルファベットのIとOとCが含まれています。アルファベット部分を練習してから、前後の発音を加えて発音していきましょう。

How have you been? (元気にしていた？)

háu　həv　U　Bn

beenの破裂音の子音［b］は、口の前に置いた手に声が手に当たるよう練習すると、アクセントがついてハッキリ発音できます。

Nice meetin(g) you. (会えて嬉しかった)

n I s　m E tiŋ‿U

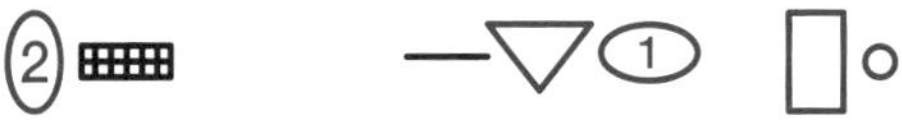

meetingの［ŋ］は息を止めるような感じになりますので、meetinのような発音になります。

Let’s keep in touch. (連絡取り合おうね)

lèts　k E p‿in　tʌ́tʃ

※keep in（キープン）

keepとinを１単語ずつ練習してから、ひと息でつなげる練習もしておきましょう。inは強調しませんので、スピードが上がるとキープンのような発音になることもあります。

Ta(ke) care. (気をつけてね)

t A (k)　　kéər

careの中にはairの発音が含まれています。airの発音の前に、[k] の発音がつくだけです。

See you later. (またあとでね)

C　　U　　l A tər

laterは「フラッピング」で [t] を [l] に変化して「レイラー」のように発音することが多いです。

Sleep well. (ぐっすり寝てね)

s l E p　　w L

sleepは最初にleepだけを練習しましょう。[s] は上下の歯をつけたまま、息だけを「スー」と流してleepにつなげると、sleepの発音になります。

あいづち編　Track108

I mean ～ （えっと、つまり…）

I　mEn

②　—▽

meanには「me」が含まれています。meanは「me」の後に［n］をつけて発音するだけです。

You know ～ （知っていると思うけど…）

U　nO

□○　①○

knowはアルファベットOの前に［n］がつくだけです。

Well ～ （えっと…）

wL

○▽

wellはアルファベットLの発音を確認しておきましょう。口笛を吹くような口形で［う゛ー］とため込んでから、Lにつなげて発音します。

No way! (え、信じられない，まさか！)

nO　wA

同じ口形が続く場合は１つ目の口形をキープしたまま、次の発音へつなげましょう。Noとwayをつなぐときは、口形をキープして、ひと息でつなげて発音します。

Are you sure? (本当に？)

R‿U　ʃúər

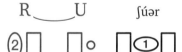

同じ口形が続くAreとyouはAreの最後の口形の□をそのままキープし、アルファベットUにひと息でつなげて発音します。

How do I say ～? (えっと、何て言えばいいかな……)

háu　du　I　sA

アルファベットIを口形②だけで発音できるように練習してみましょう。

Take i(t) easy! (気楽にね！)

tAk‿í(t)　EZ
※take it（テイキッ）

takeとitを１単語ずつ発音してから、ゆっくりひと息でつなげる練習をしましょう。テイキッのような発音になります。

ショッピング編　Track109

How may I help you? (何かお探しですか)

háu　mA　I　hLp　U

helpはアルファベットLの発音確認をしてから、「(h) elp」を発音練習します。安定したら最初に[h]をつけてhelpにしましょう。

May I try i(t) on? (試着してみてもいい？)

mA　I　trI　í(t)　ən

itの[t]は息を止める感じになるので、「イッ」のような発音になります。

Can you give me a little discoun(t), please? (安くしていただけませんか)

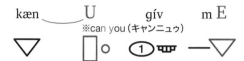

kæn U gív m E
※can you (キャンニュゥ)

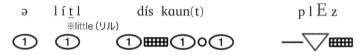

ə l í t l dís kaun(t) p l E z
※little (リル)

「can」と「you」をひと息でつなげると「キャンニュゥ」のような発音になります。littleの「tt」は[l]の舌の位置に近くなるため、「リル」のような発音になります。

I'll take this. (これをいただきます)

I l t A k ðís

thisの[ð]は、舌先を軽く噛んで「ズー」と歯のバイブレーションを感じたらＯＫです。

レストラン編　Track110

Are you still open?（まだ開いていますか）

R‿U　stíl　O pən

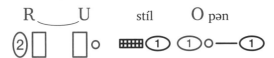

同じ口形が続くAreとyouは、Areの最後の口形□をそのままキープし、アルファベットUの発音へとひと息でつなげて発音します。

（テーブル席でお願いします）

We'd like a table, please.

w E d　l I k‿ə　tA　b　l　p l E z

※like a（ライカッ）

likeとaをひと息でつなげると、「ライカッ」のような発音になります。

（おすすめは何ですか）

What are your specialities?

hw á　t　R‿Ur　s　pè　ʃ　iǽ　lə　T　z

specialitiesは３つに分けて練習しましょう。「spe(スペ)」「ciali(シャラ)」「ties（ティーズ)」をひと息でつなげると、「スペシャラティーズ」のような発

音になります。[h]は○で発音してみましょう。

（紅茶を1杯もらえますか）

Can I have a cup of tea?

kæn‿I　həv‿ə　kʌ́p‿əv　T

※Can I（キャナイ）　※have a（ハヴァッ）　※cup of（カッパッヴ）

つながる音（Linking）が3つ入っています。とても良い練習になりますので丁寧に練習しましょう。

（お会計をお願いします）

Can I ge(t) the chec(k), please?

kæn‿I　gé(t)‿ðə　tʃé(k)‿pl E z

※Can I（キャナイ）　※get the（ゲッザッ）　※chec (k) please（チェップリーズ）

つながる音（Linking）が1つ、消える音（Reduction）が2つあります。getの[t]は、theの[ð]に代用され、[ゲッザッ]のような発音になります。

（クレジットカードで払えますか）

Can I pay with a credi(t) card?

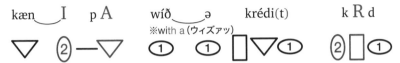

kæn‿I　p A　wíð‿ə　krédi(t)　k R d

※with a（ウィズアッ）

withの[ð]で舌先を軽く噛んだまま[ズ]と声を出し、歯のバイブレーションを感じてから、aにつなげましょう。

質問編

Track111

Excuse me.（すみません…）

X Qz　　mE

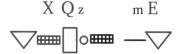

短い文の中に、アルファベットXとQとEの発音が入っています。アルファベットの音を確認した後に、前後を加えて発音しましょう。

Why?（なぜ？）

hY

アルファベットYと同じ発音です。３個の口形が含まれています。口形の違いを確認しながら練習しましょう。[h]は○で発音してみましょう。

Are you Okay?（大丈夫ですか）

R‿U　　O K

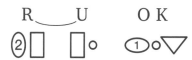

アルファベット４個、RとUとOとKで成り立っている例文です。口形を意識して丁寧に発音練習しましょう。同じ口形が続くAreとyouはAreの最後の口形□をキープし、Uにひと息でつなげて発音します。

Can you tell me how to

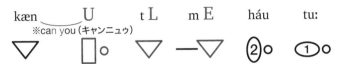

kæn‿U tL mE háu tuː

※can you（キャンニュウ）

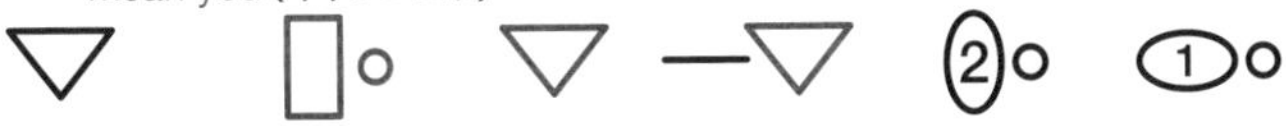

（駅までの行き方を教えてもらえますか？）

ge(t) to the station?

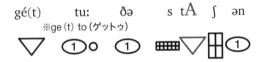

gé(t) tuː ðə s tA ʃ ən

※ge（t） to（ゲットゥ）

getとtoは［t］が２回続くのでgetの［t］が消える音（Reduction）になり、ゲットゥーのような発音になります。

What's your name?（お名前を教えてください）

hwáts‿Ur nAm

※what's your（ワッチュワッ）

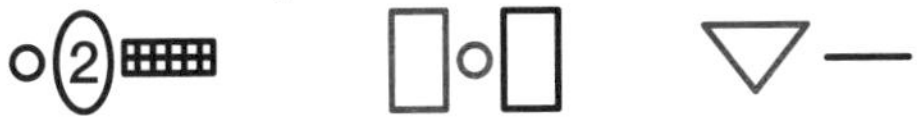

What'sとyourをひと息でつなげると「ワッチュワッ」のような発音になります。１単語ずつでも発音できるようにしておきましょう。

Wha(t) kind of movies

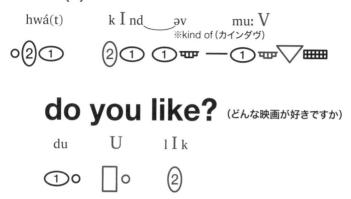

hwá(t)　k I nd‿əv　mu: V

※kind of（カインダヴ）

do you like?（どんな映画が好きですか）

du　U　l I k

kindとofをひと息でつなげると「カインダヴ」のような発音になります。同じ口形が続くのでkindの最後の口形をキープして、ofの最初の発音へつなげて発音します。

お礼編　Track112

Thank you so much.（どうもありがとうございます）

θǽ ŋ‿Q　s O　m ʌ́ tʃ

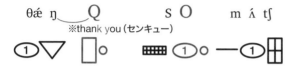

※thank you（センキュー）

thankとyouをひと息でつなげると、センキューのような発音になります。thは、舌先を軽く噛んだまま、息だけを流して発音します。

Thank you for your help.（手伝っていただきありがとうございます）

θǽ ŋ‿Q　fər　U ər　h L p

[ər] の発音が２回続けて出てきます。口形はドナルドダックのように口を突き出して、舌全体を後ろにスライドして発音します。ゆっくりとつなげて例文を発音しましょう。

You're welcome. (どういたしまして)

U ər　　　w L kəm

welcomeはアルファベットLの発音を確認しましょう。[w] とアルファベットLをつなげて「wel (come)」です。最後にcomeを発音すれば、welcomeになります。

I really appreciate it. (本当に感謝しています)

I　rí ə lE　　　əp rí: ʃ i A t　　　it

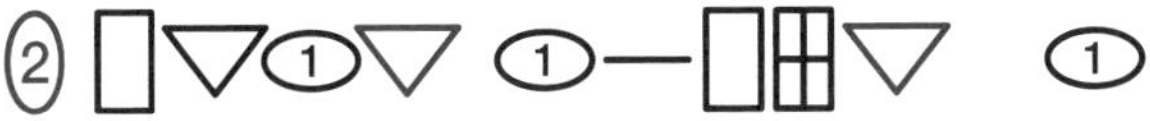

reallyは英単語realの後に、アルファベットEを発音するものです。realはreとalを分けて練習してから、最後にアルファベットEを練習しましょう。

It's my pleasure. (どういたしまして)

its　m I　　　p lé ʒər

お礼に対する応答の言葉にもいろいろな意味があります。

You're welcome. とIt's my pleasure. は、両方とも「どういたしまして」という意味です。しかし、You're welcome. は気さくに「どういたしまして」

という感じで、It's my pleasure. は「お手伝いできて良かったです、光栄です」という意味合いになります。

そのときの状況に合わせて文章を使い分けられるように練習しておくと、自分の英語で心のこもったお礼が言えるようになります。

CHAPTER 7

英語発音を完全攻略！まとめテスト

すべての母音と子音を発音できるようにしましょう。

発音記号を見た瞬間に発音ができるように、

母音と子音を１音ずつ発音練習します。

口形とネイティブ発音を復習しながら

定着させていきましょう。

発音が安定してきたら、

口形を変えても発音できるようになります。

最後にテストも用意しました。

発音記号だけを見て発音し、そしてスペルも書いてください。

ここまで読み進めてきたあなたなら大丈夫です。

自信をもってリラックスして進めてください。

すべての母音を発音しよう！

各母音が発音できる主な口形と発音法を紹介します。発音が安定したら、口形を変えても発音できるようになります。母音にはアルファベットが含まれているものも多いので、音声を聞きながら、理解を深めてください。また、[ər] 以外の母音は、舌先は下前歯の裏につきます。

ɑ

この発音が含まれている
アルファベット

I、Y

Track113

使う口形

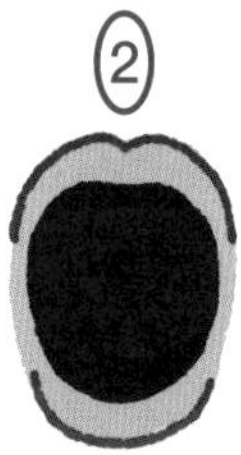

指2本分、口を縦に開けたままの状態で、あくびをするときのように少し深めの声で「あ」と発音します。

ɑː

この発音が含まれている
アルファベット

R

Track114

使う口形

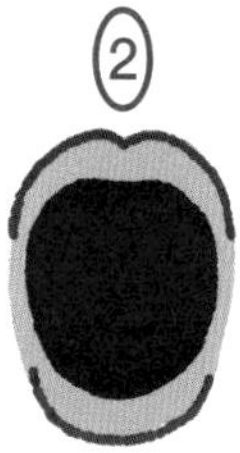

[ɑ] は短母音で、[ɑː] は長母音です。口形も同じで長めに発音するだけです。指2本分、口を縦に開けたままの状態で、あくびをするときのように少し深めの声で「あー」と発音します。

ə

この発音が含まれている
アルファベット
L

Track115

使う口形

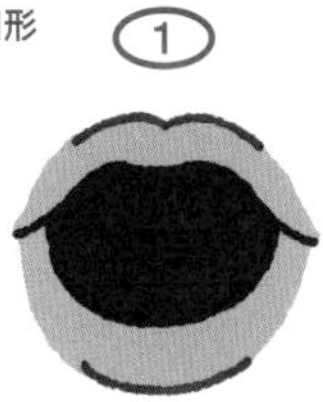

「シュワサウンド」という発音で、英語で多用される発音になります。指1本分、口を開けたまま、軽く咳払いをする感じで「アッ」と発音します。日本語の「あ」と「お」の中間のような発音なので、「あいまい母音」と呼ばれます。

ʌ

この発音が含まれている
アルファベット
W

Track116

使う口形

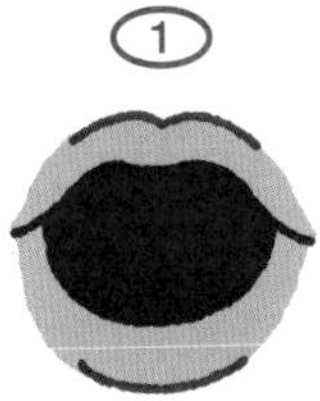

[ə]を強く発音しましょう。

æ

Track117

使う口形

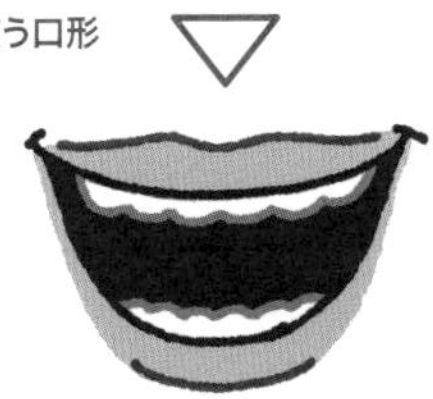

日本語「エ」の口形▽で、「ア」を発音します。「エ」と「ア」の中間のような発音です。少し高めの声で、鼻声のような感じで発音します。日本語にはない発音で、英語の発音の中で一番高い音になります。「cat」の発音に含まれています。

i

この発音が含まれている
アルファベット

A、H、I、J、K、Y

Track118

使う口形

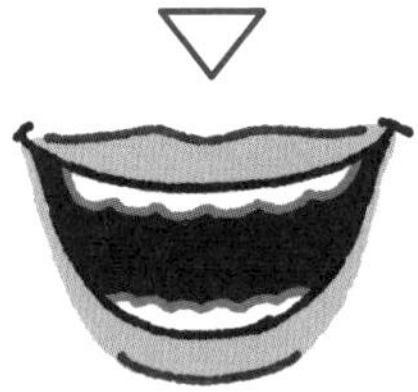

口角を上げて、逆三角形の口形をキープしたまま、「イッ」と短く発音します。

iː

この発音が含まれている
アルファベット

B、C、D、E、G、P、T、V、Z

Track119

使う口形

[i] は短母音で、[iː] は長母音です。口形も同じで長めに発音するだけです。口角を上げて、逆三角形の口形をキープしたまま、「イー」と長めに発音します。

u

この発音が含まれている
アルファベット

O

Track120

使う口形

口につまようじ１本分の隙間を作り、キープしたまま、「う゛」のように濁点がつく感じで発音します。

u:

この発音が含まれている
アルファベット

Q、U、W

Track121

使う口形

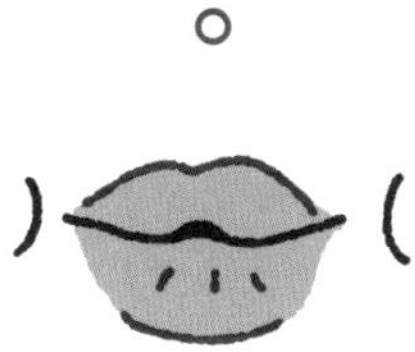

[u]を長めに「う゛ー」と発音しましょう。

e

この発音が含まれている
アルファベット

**A、F、H、J、K、
L、M、N、S、X**

Track122

使う口形

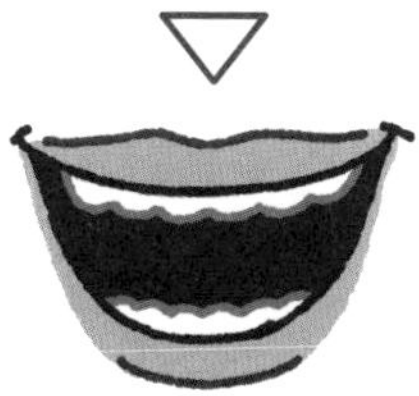

逆三角形の口形をキープしたまま、「エッ」と発音します。

o

この発音が含まれている
アルファベット

O

Track123

使う口形

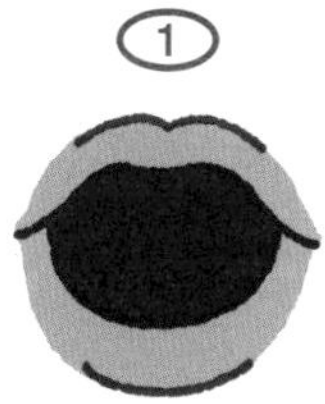

口形は、唇を前に突き出さず、口をぼーっと開けている感じです。指1本分、口を縦に開けたまま、「お」と低めの声で発音します。基本的に[ou]としてセットで発音します。アルファベット「O」の発音です。

ɔ

Track124

使う口形

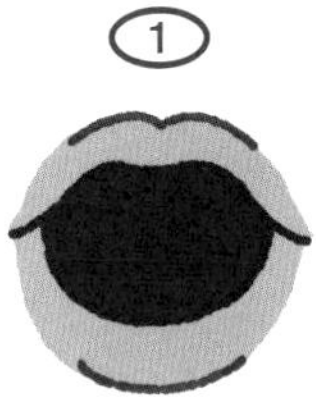

唇をしっかりと前に突き出して、指1本分、口を縦に開けたまま、「お」と低めの声で発音します。

ɔː

Track125

使う口形

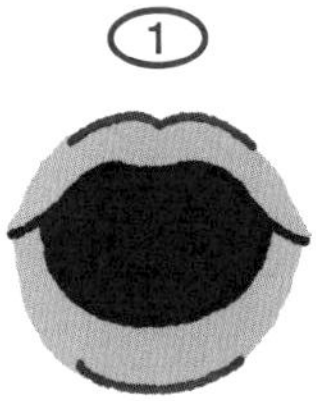

[ɔ]を長めに「おー」と発音しましょう。

ər

Track126

使う口形

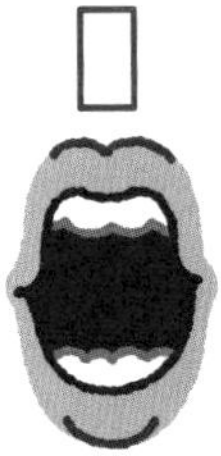

唇を前に突き出して、ドナルドダックのような口形をキープしましょう。舌先は持ち上げずに、舌全体を後ろへまっすぐスライドします。口形と舌を固定してから、声を3秒間伸ばして練習してみましょう。舌を奥に引くので、「うー」というような、少しこもった発音になります。

すべての子音を発音しよう！

各子音が発音できる主な口形と発音法を紹介します。子音は前後の発音によって口形を変化させることもできます。

p

この発音が含まれているアルファベット

P

Track127

使う口形

口を閉じて上唇と下唇をつけます。「プヮッ」と息だけを吐きます。

b

この発音が含まれているアルファベット

B、W

Track128

使う口形

口を閉じて上唇と下唇をつけます。「ブヮッ」と軽く声を出します。

m

この発音が含まれているアルファベット

M

Track129

使う口形

口を閉じて上唇と下唇をつけます。口を閉じたまま「んー」と発音します。

f

この発音が含まれているアルファベット

F

Track130

使う口形

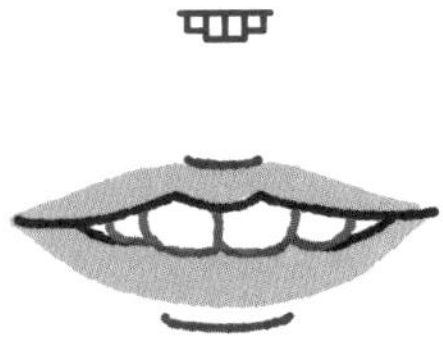

上の前歯で、下唇を軽く噛んでキープし、「フー」と息だけを吐きます。

v

この発音が含まれているアルファベット

V

Track131

使う口形

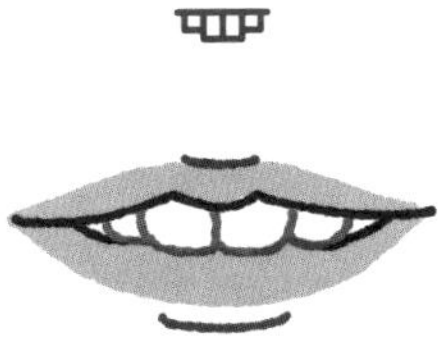

上の前歯で、下唇を軽く噛んでキープし、「ヴー」と声を出します。唇に振動を感じたらOKです。

s

この発音が含まれているアルファベット

C、S、X

Track132

使う口形

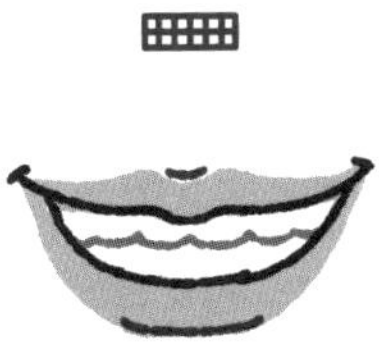

上下の歯をしっかりと閉じてキープし、「スー」と息だけを吐きます。

Z

この発音が含まれているアルファベット

Z

Track133

使う口形

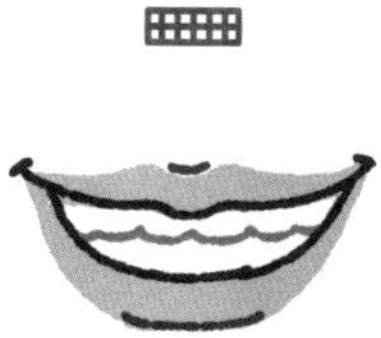

上下の歯をしっかりと閉じてキープし、「ズー」と声を出します。歯に振動を感じたらOKです。

W

この発音が含まれているアルファベット

Y

Track134

使う口形

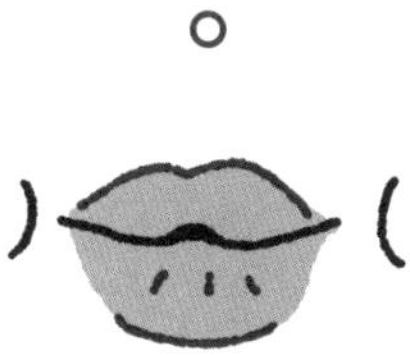

口笛を吹くようにつまようじ1本分の隙間を作り、息をため込んでから、口を緩ませて息を吐きます。

θ

Track135

使う口形

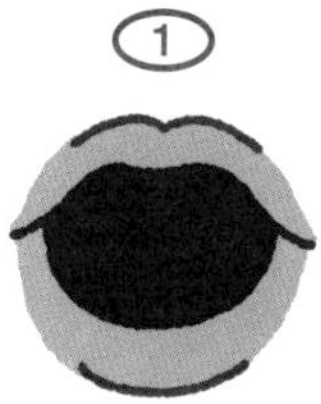

舌先を軽く噛んだ状態をキープし、そのまま息だけを吐きます。

ð

Track136

使う口形

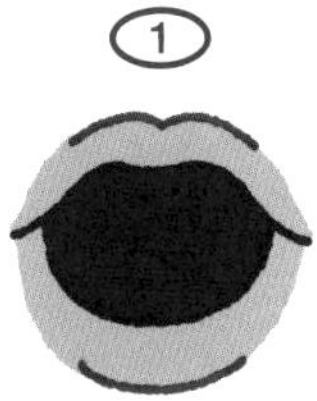

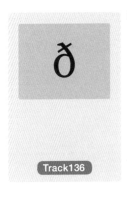

舌先を軽く噛んだ状態をキープし、「ズー」と声を出します。歯と舌先に振動を感じたらOKです。

ŋ

Track137

使う口形

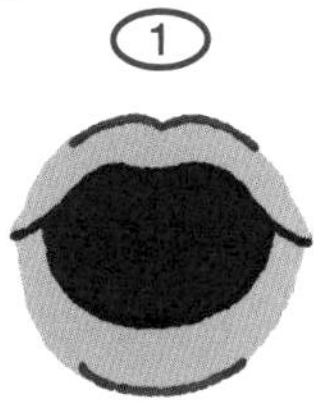

指1本分、口を開けて、舌先は下前歯の裏につけたまま「ん゛ッ」と発音して息を止めます。舌の奥が上あごにつきます。しゃっくりのような感じの発音になります。

ʃ

Track138

使う口形

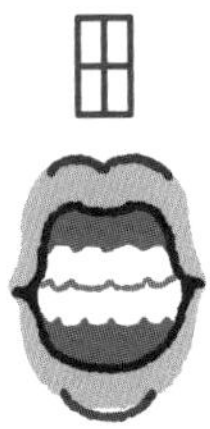

上下の歯を閉じたまま唇を前に突き出し、ドナルドダックのような口形をキープします。子供がうるさいときなどに、母親が人差し指を口の前に立てて「シー」と言うイメージです。唇の前に、指を1本立てたまま、口を突き出して「シー」と息だけで発音します。

ʒ

使う口形

上下の歯を閉じたまま唇を前に突き出し、ドナルドダックのような口形をキープします。[ʃ] と同じ口形で声を出します。唇の前に、指1本立てたまま、口を突き出して、上下の歯を閉じて「ジー」と発声します。

Track139

tʃ

この発音が含まれているアルファベット

H

Track140

使う口形

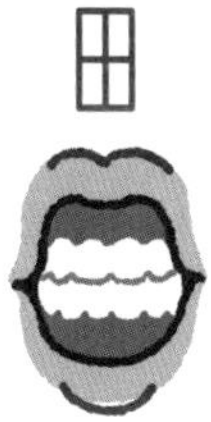

上下の歯を閉じたまま唇を前に突き出し、ドナルドダックのような口形をキープします。そのまま「チッ」と息だけで発音します。下前歯を勢いよく、落としましょう。

dʒ

この発音が含まれているアルファベット

G、J

Track141

使う口形

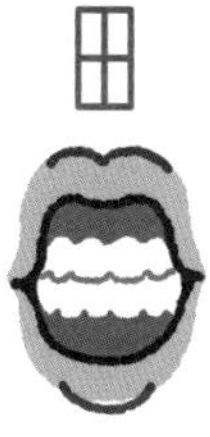

上下の歯を閉じたまま唇を前に突き出し、ドナルドダックのような口形をキープします。そのまま「ヂッ」と声を出して発音します。下前歯を勢いよく、落としましょう。

t

この発音が含まれている
アルファベット

T

Track142

使う口形

①

指１本分、口を開けた口形で練習します。「トゥッ」と息だけで発音します。

d

この発音が含まれている
アルファベット

D、W

Track143

使う口形

①

指１本分、口を開けた口形で練習します。「ドゥッ」と声を出して発音します。

n

この発音が含まれている
アルファベット

N

Track144

使う口形

①

指１本分、口を開けた口形で練習します。舌先を上前歯の裏にしっかりとつけたまま「んー」と発音します。

l

この発音が含まれている
アルファベット
L、W

Track145

使う口形

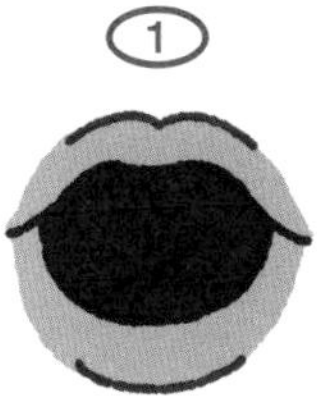

指１本分、口を開けた口形で練習します。舌先を上前歯の裏に軽くつけ、舌を軽くけり出しながら発音します。

k

この発音が含まれている
アルファベット
K、Q、X

Track146

使う口形

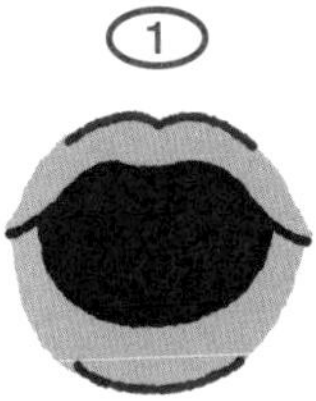

指１本分、口を開けた口形で練習します。「クッ」と息だけで発音します。

g

Track147

使う口形

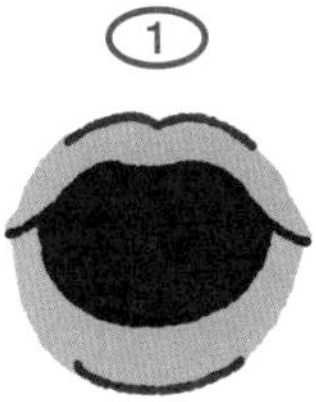

指１本分、口を開けた口形で練習します。「グッ」と声を出して発音します。

h

Track148

使う口形

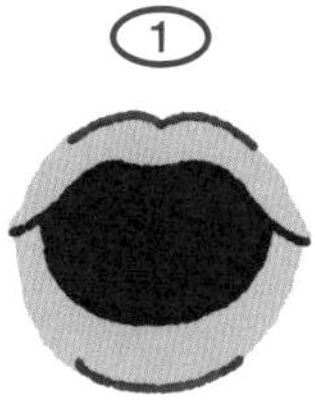

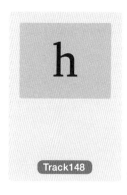

指1本分、口を縦に開けて、息を吐くだけです。

j

この発音が含まれている
アルファベット

U、W

Track149

使う口形

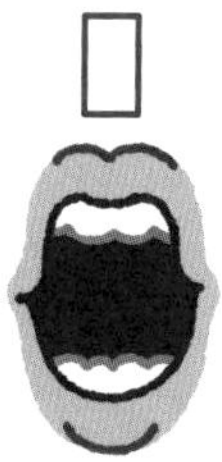

唇を前に突き出して、ドナルドダックのような口形にします。人差し指を軽く噛んだまま、「い゛ー」と伸ばして発音練習をしましょう。

r

この発音が含まれている
アルファベット

R

Track150

使う口形

唇を前に突き出して、ドナルドダックのような口形をキープしましょう。舌先は持ち上げずに、舌全体を後ろへまっすぐスライドさせます。口形と舌を固定してから、声を3秒間伸ばして練習してみましょう。舌を奥に引くので、「う゛ー」というような少しこもった音になります。

発音記号だけを見て発音して、スペルを書いてみよう！

最後のテストです。発音記号を見て発音し、そしてスペルも書いてみましょう。答えは次ページです！

問題 Track151

① éi
② síː
③ dʒíː
④ júː
⑤ víː
⑥ sít
⑦ bɔ́ːl
⑧ léit
⑨ sʌ́n
⑩ góu
⑪ ʃi
⑫ tíːtʃ
⑬ bóut
⑭ bɔ́ːt
⑮ fífθ
⑯ ðís
⑰ kǽt
⑱ klóuz
⑲ lɔ́ːŋ
⑳ jét

答え

① A

② C、see、sea

③ G

④ U

⑤ V

⑥ sit

⑦ ball

⑧ late

⑨ sun、son

⑩ go

⑪ she

⑫ teach

⑬ boat

⑭ bought

⑮ fifth

⑯ this

⑰ cat

⑱ close

⑲ long

⑳ yet

おわりに
なぜ日本人は英語発音が苦手なのか？

最後までお読みいただきまして、ありがとうございました。

英語学習の手順は、単語、文法から覚え始めることが主流です。しかし、最初に英語発音を習得しておくと、新しい単語、例文を読み上げるときに英語発音も定着していきます。

英語上級者や英語講師でありながら、英語発音に自信がない方が多いのは、「学習の手順」が関係しているのです。

プロも発音に悩んでいる

英語講師で生徒に指導する立場でありながら、生徒の英語発音の何が違うのかがわからず、発音指導ができずに困っている先生もいます。

また、客室乗務員で毎回同じ機内アナウンスをするにもかかわらず、英語発音に自信がなく、後輩の指導にも自信が持てず困っている方もいらっしゃいます。

英語をもう一度勉強しようと思っている方は、まず英語発音から始めましょう。発音が変わると、ネイティブと話したときに、英語の発音をほめられます。日本人特有の英語発音ではないことに驚くはずです。

発音を理解して習得すると、難しい単語を話す機会はなくても、**日常会話で決まった例文の発音、リスニング力が劇的に変化するので、会話もスムーズに進みます**。そして、日本語の発音では使わない「舌の動き」もマスターできるので、日常会話の声の響きも変わります。
　生徒からは**「相手に言葉が伝わりやすくなり、のどが疲れなくなった」「プレゼンが通るようになった」**という感想ももらっています。
　本書を通して、「英語発音が変わった」「やっぱり英語は面白い」と感じていただければ、著者として嬉しく思います。

　私も、英語発音の楽しさを知ってから、英語を学び続けている１人です。これからも一緒に英語を楽しく学んでいきましょう。
　本書『英語の声トレ』をきっかけに、世界中の方々との交流が広がることを心より願っております。

　そして最後に、本書出版にあたってご尽力をいただきました、ダイヤモンド社の皆さまと、編集担当の中村明博さまには深く感謝申し上げます。
　１人でも多くの読者に、英語への希望の光を灯すことができましたら幸いです。

山下まさよ（やました・まさよ）

International Voice & Vocal Studioヴォイトレ・マスター®メソッド創設者・代表
日本を含む、アメリカ、イギリス、イタリア、フランス、ロシア、スペイン、ドイツ、韓国など、世界各国の海外アーティスト、プロフェッショナルを中心に、ヴォイストレーニングを行っている。
ニューヨークへ初渡米した際、英語が通じず、ミネラルウォーター1本を買うことさえできず愕然。発音の大切さを痛感する。改善のために、30冊以上の英語発音の本を読み、英語に近いカタカナでの発音も試みたが、外国人に伝わらず限界を感じる。根本的に直すため英語の音声学を学ぶ。
マイケル・ジャクソンやスティーヴィー・ワンダーをはじめ、米国グラミー賞受賞者を120人以上育て上げたヴォイストレーナー、セス・リッグス氏と出会い、教えを受け、アジア人として初めて国際ヴォイストレーナー資格を取得する。その後、世界レベルのメソッド、ヴォイトレ・マスター®メソッドを開発する。音声学とヴォイストレーニングを組み合わせ、シンプルかつ理論的に声を効率良くトレーニングできると、音楽業界、ヴォイストレーナー業界からも高く評価されている。劇団四季の「外部ヴォイストレーナー」として、100人以上の俳優に発声法を指導した実績もある。
ビジネスマン、客室乗務員、英語指導者に英語発音の指導も行い、「発音のメカニズムも丁寧に教えてくれるので、自信をもって発音できるようになった」「外国人みたいな発音が、自分の口から出ているのが不思議」と高い評価を得ている。これまで3歳から87歳まで、のべ1万人以上の指導を行ってきた。
HP : http://voicevocal.com/

英語の声トレ
——国際ヴォイストレーナーが教える「やさしい英語発音」

2021年2月9日　第1刷発行

著　者———山下まさよ
発行所———ダイヤモンド社
〒150-8409　東京都渋谷区神宮前6-12-17
https://www.diamond.co.jp/
電話／03·5778·7233（編集）　03·5778·7240（販売）
装丁————西垂水 敦（krran）
本文デザイン・DTP— 吉村朋子
装画・本文イラスト— ササキサキコ
校正————河源社
音源制作———ELEC
製作進行———ダイヤモンド・グラフィック社
印刷————勇進印刷
製本————ブックアート
編集担当———中村明博

ISBN 978-4-478-11072-0